Quick Guide

AF147938

Reihe herausgegeben von
Springer Fachmedien Wiesbaden
Wiesbaden, Deutschland

Quick Guides liefern schnell erschließbares, kompaktes und umsetzungsorientiertes Wissen. Leser erhalten mit den Quick Guides verlässliche Fachinformationen, um mitreden, fundiert entscheiden und direkt handeln zu können.

Paul Steiner

Quick Guide Sound Websites

Wie Sie mit Sound Websites Ihre Marke stärken

Paul Steiner
Herrsching a. Ammersee, Deutschland

ISSN 2662-9240 ISSN 2662-9259 (electronic)
Quick Guide
ISBN 978-3-658-43219-5 ISBN 978-3-658-43220-1 (eBook)
https://doi.org/10.1007/978-3-658-43220-1

Die Deutsche Nationalbibliothek verzeichnet diese Publikation in der Deutschen Nationalbibliografie; detaillierte bibliografische Daten sind im Internet über http://dnb.d-nb.de abrufbar.

Planung/Lektorat: Barbara Roscher
Springer Gabler ist ein Imprint der eingetragenen Gesellschaft Springer Fachmedien Wiesbaden GmbH und ist ein Teil von Springer Nature.
Die Anschrift der Gesellschaft ist: Abraham-Lincoln-Str. 46, 65189 Wiesbaden, Germany

Das Papier dieses Produkts ist recyclebar.

Für Hans-Jörg Steiner

Vorwort

Das vorliegende Buch ist eine kompakte Einführung in das Thema Sound Websites und bietet zahlreiche pragmatische Hilfestellungen für die Umsetzung. Akustische (Online)Markenkommunikation bietet für Unternehmen die Möglichkeit u.a. Markenbotschaften zu transportieren, die Verweildauer der Besucher zu erhöhen und die Alleinstellung der Marke gegenüber Mitbewerbern zu unterstützen. Für die Unternehmenspraxis werden wichtige Ansatzpunkte zur akustischen Gestaltung von Websites geliefert, die durch ein konkretes Beispiel der Marke BMW illustriert werden. Meine weiteren Werke in ihrer aktuellen Fassung:

Steiner, Paul:
Quick Guide Visuelles Marketing. Wie Sie mit visuellen Reizen Ihre Marke stärken.
Springer Gabler, 2023

Steiner, Paul:
Quick Guide Haptisches Marketing. Wie Sie mit haptischen Reizen Ihre Marke stärken.
Springer Gabler, 2023

Steiner, Paul:
Quick Guide Duftmarketing. Wie Sie mit Duftstoffen Ihre Marke stärken.
Springer Gabler, 2022

Steiner, Paul:
Quick Guide Multisensorisches Marketing. Wie Sie mit allen Sinnen Ihre Marke stärken.
Springer Gabler, 2022

Steiner, Paul:
Quick Guide Sound Marketing. Wie Sie mit akustischen Reizen Ihre Marke stärken.
Springer Gabler, 2021

Steiner, Paul:
Sensory Branding. Grundlagen multisensualer Markenführung
3., aktualisierte und erweiterte Auflage
Springer Gabler, 2020

Steiner, Paul:
Sound Branding. Grundlagen akustischer Markenführung.
3., aktualisierte und erweiterte Auflage
Springer Gabler, 2018

Steiner, Paul:
Akustisches Markendesign. Nutzerspezifische Wirkung akustischer Marken-Websites
Springer Gabler, 2015

Meinen Eltern möchte ich insbesondere dafür herzlich danken, dass sie mir in jedem Lebensabschnitt zur Seite standen und meine Ziele und Vorhaben stets gefördert haben.

Meiner Ehefrau Kathy möchte ich recht herzlich Danke sagen. Sie hat mir ihre liebevolle Geduld im gesamten Verlauf dieses Buchprojektes entgegengebracht und mich in jeder Beziehung unglaublich unterstützt.

Meinen Söhnen Leonhard und Benedikt möchte ich ebenfalls danken. Beide bereichern mein Leben Tag für Tag und halten mich fit.

Es ist mir ein besonderes Anliegen, die vorliegende Arbeit meinem verstorbenen Onkel – Hans-Jörg Steiner – zu widmen.

Frau Barbara Roscher und Herr Maximilian David von den Springer Fachmedien haben das Buchprojekt tatkräftig und umsichtig unterstützt. Herzlichen Dank dafür!

Um von den Überlegungen und Anregungen der Leser des Buches zu profitieren, bin ich für eine angeregte Diskussion sowie Ergänzungs- und Optimierungsvorschläge dankbar. Ihre Vorschläge und Diskussionsbeiträge können Sie gerne direkt an mich per E-Mail übermitteln: steiner-paul@gmx.at.

Ich freue mich auf eine lebhafte Diskussion und wünsche Ihnen viel Spaß beim Lesen und Anregungen für die tägliche Arbeit.

Baden bei Wien   Paul Steiner
im September 2023

Inhaltsverzeichnis

Über den Autor

Dr. Paul Steiner ist promovierter Sozial- und Wirtschaftswissenschaftler. Neben seiner Promotion mit Auszeichnung zum Dr.rer.soc. oec. an der Wirtschaftsuniversität Wien, erhielt er ein Leistungsstipendium der Wirtschaftsuniversität Wien und den Rudolf-Sallinger-Preis für seine Diplomarbeit „Sensory Branding". Seit 20 Jahren verantwortet er strategisch bedeutsame Projekte mit hoher Komplexität in der Bauindustrie, Finanzdienstleistungsbranche und Automobilindustrie. U.a. war er als Spezialist für akustische Markenführung in die strategische Planung und das Projektmanagement des neuen BMW Sound Logos, das 2013 den begehrten Red Dot Award erhielt, involviert. Er ist Autor der Fachbücher „Quick Guide Visuelles Marketing" (2023), „Quick Guide Haptisches Marketing" (2023), „Quick Guide Duftmarketing" (2022), „Quick Guide Multi-sensorisches Marketing" (2022), „Quick Guide Sound Marketing" (2021), „Sensory Branding" (2020), „Sound Branding" (2018) und „Akustisches Markendesign" (2015).

Kontakt: https://www.linkedin.com/in/dr-paul-steiner-728265b2

1

Einleitung

Was Sie aus diesem Kapitel mitnehmen

- Welche Herausforderungen Unternehmen in der Markenkommunikation haben.
- Wie viele Marken in Deutschland registriert sind.
- Welche Klassen von Marken unterschieden werden.
- Welchen Vorteil Akustische Markenkommunikation für Unternehmen im Internet bietet.

Marken haben für Unternehmen und ihre Stakeholder (Konsumenten, Mitarbeiter, Aktionäre etc.) einen hohen Stellenwert. So übernehmen Marken, die „als ein in der Psyche des Konsumenten verankertes, unverwechselbares Vorstellungsbild von einem Produkt oder einer Dienstleistung" (Meffert und Burmann 1998) verstanden werden können, eine Identifikationsfunktion und Differenzierungsfunktion für Konsumenten und ermöglichen ihnen Orientierung in der Vielfalt der Angebote und schaffen Vertrauen. Eine erfolgreich geführte Marke realisiert nicht nur eine höhere Loyalität und Bindung der Zielgruppen,

© Der/die Autor(en), exklusiv lizenziert an Springer Fachmedien Wiesbaden GmbH, ein Teil von Springer Nature 2023
P. Steiner, *Quick Guide Sound Websites,* Quick Guide,
https://doi.org/10.1007/978-3-658-43220-1_1

sondern bietet darüber hinaus eine Plattform für die Erschließung neuer Märkte.

Grundsätzlich sind drei Klassen von Marken zu unterscheiden, nämlich „Niedrigpreismarken", „Value-Marken" der Mittelpreislage und „Premiummarken" der Höchstpreislage. Letztere sind durch die Realisierung eines Preispremiums gekennzeichnet, das aus überlegenen Produkt- und Imageeigenschaften resultiert. Premiummarken sind zudem durch eine hohe Qualitäts- oder Leistungsorientierung charakterisiert und zwar sowohl in einem rational-ökonomischen Sinne (Grundnutzen) als auch in einem mehr emotional-psychologischen Sinne (Zusatznutzen).

Marken bieten dem Unternehmen einen preispolitischen Spielraum und können dadurch zu einer Wertsteigerung des Unternehmens führen. Zudem dienen Marken der Differenzierung des eigenen Angebots vom Wettbewerb, führen (idealerweise) zu einer Präferenzbildung beim Verbraucher und erhöhen die Attraktivität des Unternehmens für High-Potential Mitarbeiter. Starke Marken realisieren im Gegensatz zu schwachen Marken eine höhere Markenloyalität und -bindung und bieten eine Plattform für neue Produkte. Starke Marken sind zentrale immaterielle Wertschöpfer in Unternehmen und verfügen über eine besondere emotionale Schubkraft.

Aus Sicht der Konsumenten erfüllen Marken eine Qualitäts-, Garantie- und Vertrauensfunktion, denn sie versprechen gleichbleibende Qualität und grenzen damit das Risiko eines Fehlkaufes stark ein. Außerdem fungieren Marken als Orientierungs- und Entscheidungshilfe. So assoziieren Konsumenten mit einer Marke verschiedene funktionale und emotionale Eigenschaften. Dadurch erleichtern sie die Kaufentscheidung. Letztlich ergibt sich das Markenerlebnis „aus der multisensorischen Wahrnehmung und Verarbeitung aller Signale, die von der Marke an allen Markenberührungspunkten an den Nachfrager ausgesendet werden" (Burmann et al. 2018).

Beim Deutschen Patent- und Markenamt (DPMA) wurden 2022 insgesamt 73.309 Neuanmeldungen von nationalen Marken verzeichnet. Das sind 16,4 % weniger als im Jahr zuvor. Die Unternehmen mit den meisten eingetragenen Marken in 2022 sind Berlin-Chemie AG (103 Marken), gefolgt von ApoE Consulting GmbH (94 Marken) und Merck KGaA (86 Marken). Insgesamt umfasst der Markenbestand des DPMA 880.538 Marken (DPMA 2022).

Zu den wichtigsten Ursachen für diese wachsende Produkt- und Markenvielfalt zählen u. a. die zunehmende Marktsegmentierung, die drastische Verkürzung der Produktlebenszyklen, der Zwang zur Entwicklung neuer Produkte und Produktvarianten und die steigende Internationalisierung und der daraus resultierende Markteintritt neuer Wettbewerber. Hinzu kommt noch eine Verschiebung der Grenzen potenzieller neuer Wettbewerber durch neue Informations- und Kommunikationstechniken.

Neben der Inflation von Produkten und Marken haben sowohl die kommunikativen Maßnahmen als auch die Zahl der Medien rapide zugenommen. Wie eine Studie von Keller und Fischer (2008) zeigt, ist durch die größere Mediennutzung der Informationsüberschuss in den letzten Jahren noch größer geworden. Dies stößt zunehmend auf wenig involvierte Konsumenten, die auf die vorherrschende „Informationsflut" mit flüchtigem Informationsverhalten reagieren. So wird beispielsweise eine Werbeanzeige im Durchschnitt nur zwei Sekunden lang betrachtet (Kroeber-Riel und Esch 2015). Zudem sind den Informationsaufnahmekapazitäten der Konsumenten enge Grenzen gesetzt. Nach einer Berechnung des Instituts für Konsum- und Verhaltensforschung in Deutschland werden weniger als zwei Prozent der durch Massenmedien angebotenen Informationen aufgenommen (Kroeber-Riel und Gröppel-Klein 2019).

Die wachsende Produkt- und Markenvielfalt und der inflationäre Gebrauch kommunikativer Maßnahmen haben zu einer zunehmenden Überforderung und Desorientierung der Konsumenten geführt. Die daraus resultierende Verwirrung der Konsumenten durch Marken wird als „Brand Confusion" (Schweizer und Rudolph 2004) bezeichnet. Diese tritt dann auf, wenn sich Marken in ihrem kommunikativen Auftritt kaum unterscheiden und folglich eine große Verwechslungsgefahr besteht oder die Marken häufiger ihren Auftritt wechseln.

Vor dem Hintergrund sich rasch ändernder Marktbedingungen ist eine einfache Fortschreibung traditioneller Markenführungsansätze nicht mehr zeitgemäß. Die identitätsbasierte Markenführung, dessen Konzeptentwicklung auf einem „kontinuierlichen Wandel des Verständnisses vom Gegenstand der Marke" (Blinda 2003) beruht, bietet in dieser Situation einen erfolgversprechenden Ansatz zur Neuorientierung des Markenmanagements. Zu einer ihrer wichtigsten Aufgaben zählt der Aufbau einer prägnanten Markenidentität, die als Wurzel der Marke interpretiert werden kann. Sie sollte daher Ausgangspunkt aller strategischen und operativen Markenentscheidungen sein.

Da der vorliegenden Arbeit das Konzept der identitätsbasierten Markenführung zugrunde liegt, wird der Definition von Burmann et al. (2018) gefolgt. Demnach ist eine Marke „ein Nutzenbündel mit spezifischen Merkmalen, die dafür sorgen, dass sich dieses Nutzenbündel gegenüber anderen Nutzenbündeln, welche dieselben Basisbedürfnisse erfüllen, aus Sicht relevanter Zielgruppen nachhaltig differenziert" (Burmann et al. 2018). Das Nutzenbündel Marke besteht sowohl aus materiellen als auch immateriellen Komponenten. So werden bei der Marke physisch-funktionale und symbolische Nutzenkomponenten gebündelt. Letztere umfassen neben den schutzfähigen Zeichen wie Namen, Logo und akustischen Signalen auch nicht schutzfähige Zeichen, die den Markenauftritt charakterisieren.

Zum Aufbau von Markenimages und damit zur Differenzierung von Konkurrenzangeboten wird die Markenkommunikation zu einem wesentlichen strategischen Erfolgsfaktor. Durch unterschiedliche kommunikative Maßnahmen in unterschiedlichen Medien verfolgen Unternehmen das Ziel, das eigene Angebot – und damit die eigene Marke – wahrnehmbar in den Köpfen der Zielgruppen zu verankern, sodass es konkurrierenden Angeboten vorgezogen wird. Dazu muss eine Marke im Angebotsmeer nicht nur sichtbar sein, sondern eine Marke benötigt auch ein differenzierendes Profil, ein klares Image und einen Zusatznutzen.

Die Markenkommunikation ist in der heutigen Zeit von einer Synästhesie ihrer Darstellungsmittel gekennzeichnet, da es in der Regel immer mehr Merkmale zugleich sind, die sich beim Konsumenten nachhaltig einprägen. Dadurch wird ein beachtlicher Redundanz- bzw. Vertrautheitseffekt erzeugt, da viele Marken bereits an wenigen Details erkannt werden können, selbst wenn diese nur unvollständig dargestellt werden. Grundsätzlich gilt, dass Marken für Verbraucher eine

Bedeutung haben müssen, wobei idealerweise alle Zeichen prägnant dieselbe Bedeutung vermitteln.

Unternehmen stehen vor der Herausforderung, ihre Markenwerte durch möglichst viele Sinne gezielt zu vermitteln, um sich von der Konkurrenz explizit abzuheben und Konsumenten langfristig an ihre Marke zu binden. Das hat Gültigkeit für alle Sinnesebenen, die Markenzeichen senden können, von der Akustik bis hin zur Haptik. Die Bedeutung der verschiedenen Sinne im Rahmen der Markenkommunikation variiert jedoch branchenabhängig. So nehmen u. a. in der Automobil- und Lebensmittelindustrie die unterschiedlichen Sinnesmodalitäten eine hohe Bedeutung ein.

Im Rahmen der Markenführung, insbesondere der identitätsbasierten Markenführung, hat bisher die visuelle Dimension eine dominante Rolle gespielt. Balmer charakterisiert diese visuelle Dominanz als *"(...) that is clouding over the importance of the other senses of sound, scent, taste and touch."* (Balmer 2001). Aktuelle wissenschaftliche Beiträge stellen die Erweiterungen der visuellen Dimensionen um weitere sensorische Dimension in den Mittelpunkt der Untersuchung.

Grundsätzlich stehen Unternehmen im Rahmen der Online-Markenkommunikation mehrere Marketing-Maßnahmen zur Verfügung, wie u. a. Suchmaschinen-Marketing, E-Mail-Marketing, Social Media-Marketing und das Betreiben von Websites. Dabei nimmt die Website als zentraler Markenauftritt, sozusagen als „Hauptbahnhof" der Marke in den digitalen Medien, für viele Unternehmen einen bedeutenden Stellenwert ein. Dies liegt u. a. darin begründet, dass Marken-Websites eine relativ hohe Glaubwürdigkeit zugeschrieben wird.

Unternehmen verfolgen mit Marken-Websites das Ziel, einen Mehrwert zu schaffen, der sich für die Marke bzw. für das Unternehmen in einer Stärkung der emotionalen Bindung zwischen User und Marke und in einer Festigung des Vertrauens des Kunden in die Marke äußert. Idealerweise löst eine Marken-Website ein positives Nutzungserlebnis aus, das zu einer positiveren Beurteilung bzw. Einstellung der Marke und schließlich zum (erneuten) Kauf der Produkte des Unternehmens und zur Kundenbindung führt. Als zentrales Erfolgskriterium von Websites gilt die Website-Zufriedenheit.

Die Geschichte der Website hat vor über 30 Jahren begonnen. Am 13. November 1990 wurde von Tim Berners-Lee die erste Website im WWW veröffentlicht. Während im November 1990 der erste WWW-Server lauffähig war, dem Tim Berners Lee den Namen „WorldWideWeb" gab, folgte im März 1991 der erste WWW-Browser.

Websites sind keine statischen Produkte, sondern unterliegen bedingt durch die Weiterentwicklung von Technologien, Nutzererfahrungen, neuen Inhalten und Aufgabenstellungen einer kontinuierlichen Veränderung der Anforderungen. Vergleicht man die erste Website mit aktuellen Ausführungen, so wird ersichtlich, wie sehr sich Websites in den letzten Jahren bzw. Jahrzehnten verändert haben. Mehrere Studien (Dou et al. 2002; Eighmey 1997; Ghose und Dou 1998; Kurz 1998) haben nachgewiesen, dass die Qualität der Website grundsätzlich als Signal für die Qualität des angebotenen Produkts dient. Folglich ziehen Website-Besucher Rückschlüsse von der Qualität einer Website auf die Qualität der Produkte. Zudem haben Bauer et al. (2003) in ihrer Studie zur Werbewirkung von Marken-Websites einen Effekt der Einstellung zur Website auf die Einstellung zur beworbenen Marke identifiziert. Folglich sollte eine Website das Markenimage widerspiegeln.

Dadurch lassen sich Widersprüche zwischen dem wahrgenommenen Image der Marken-Website und dem Markenimage vermeiden. Sind Markenimage und das Image der Marken-Website nicht konsistent, so kann dies zu einer negativen Einstellung zur Marke führen. Letztlich verfolgen Unternehmen mit der Website ihrer Marke das Ziel, das Markenimage zu verbessern und eine höhere Markenloyalität zu erzielen.

Grundsätzlich bietet die Gestaltung von Marken-Websites den Unternehmen einen hohen Freiheitsgrad. So können selbst betriebene Websites im Gegensatz zu Markenauftritten in Social Media (u. a. Facebook, Instagram, X) eigenständig gestaltet werden. Dennoch sind Struktur und Inhalt vieler Marken-Websites weitgehend vergleichbar mit denen ihrer Wettbewerber. Dies geht u. a. aus Ergebnissen einer Anonymisierungsstudie (2005) des Instituts für Marken- und Kommunikationsforschung an der Justus-Liebig-Universität Gießen hervor. Lediglich 28 % der untersuchten Websites konnten einer Marke zugeordnet werden, wenn der Markenname und das Logo von der Website entfernt wurden (Esch et al. 2005, S. 683 f.).

Unternehmen stehen vor der Herausforderung, ihre Marken-Website unverwechselbar zu gestalten. In diesem Zusammenhang kommt Marken-Design, das eine „ganzheitliche Gestaltung der Marke" verfolgt, aktuell mehr denn je Bedeutung als „Imagebuilder" zu. Multisensuale Markenerlebnisse führen dabei nicht nur zu höherer Aufmerksamkeit, Wiedererkennung und stärkerer Differenzierung, sondern auch zu einer Erhöhung der Erinnerungswirkung und Emotionalität der Erlebnisse.

Websites sind durch die Eigenschaft der Multimodalität, d. h. die parallele Nutzung des visuellen und auditiven Sinneskanals zur Übermittlung von Informationen, gekennzeichnet. Somit können Websites sowohl Texte, Bilder, Audiodateien als auch sonstige multimediale Elemente beinhalten. Derzeit kommen in Internetauftritten von Marken überwiegend optische Stimuli zum Einsatz.

Die akustische Gestaltung von Marken-Websites wird in Fachkreisen noch immer weitestgehend unterschätzt und viel zu wenig systematisch vorgenommen. Im Internet werden akustische Reize noch zu wenig von Marken genutzt. So hat eine Website-Analyse der „Top 100 Most Valuable Global Brands 2012" von Millward Brown (2012) ergeben, dass lediglich zwei Marken akustische Elemente auf ihrer Website einsetzen. Die geringe Anzahl akustisch gestalteter Websites liegt u. a. darin begründet, dass Webdesigner offensichtlich (immer noch) über zu wenige Kenntnisse und Erfahrungen in der (akustischen) Gestaltung digitaler Medien verfügen.

War das Erscheinungsbild des Internets Anfang/Mitte der 1990er Jahre noch von alphanumerischen Zeichen und einfachen Icons geprägt, traf man um 1993/1994 zunehmend auf Klänge im Web, die jedoch langwierig heruntergeladen werden mussten und von geringer Qualität waren. Heute stellen Ladezeiten von Sound durch die rasanten Entwicklungen bei der Übertragungsgeschwindigkeit im Internet kein Problem mehr dar.

Das Internet hat sich im Lauf der Zeit von einem textlastigen Informationsmedium zu einem audiovisuellen Medium weiterentwickelt. Webtechnologien wie u. a. JavaScript und Adobe Flash bieten Webentwicklern zahlreiche Möglichkeiten, um akustische

Stimuli zur gezielten Beeinflussung der Internetnutzer einzusetzen. Der Wandel im Nutzungsverhalten von Medien generiert neue Kommunikationswege für die strategische Markenführung, wobei der akustischen Dimension ein großes Potenzial zugeschrieben wird.

Der Einsatz akustischer Stimuli, deren Formen vom gesprochenen und gesungenen Text, über Geräusche, einzelne Töne bis hin zur Musik reichen, kann für den Rezipienten der Website u. a. den Unterhaltungswert steigern, zur besseren Benutzerfreundlichkeit beitragen oder als Wiedererkennungsmerkmal für einzelne Produkte oder Marken dienen. Hingegen bietet akustische Markenkommunikation für das Unternehmen die Möglichkeit u. a. Markenbotschaften zu transportieren, die Verweildauer der Besucher zu erhöhen und die Alleinstellung der Marke gegenüber Mitbewerbern zu unterstützen. Zudem können akustische Reize als integrative Elemente zwischen unterschiedlichen Kommunikationsauftritten einer Marke fungieren und dem aktuell im Internet vorherrschenden visuellen Overkill entgegenwirken.

Ob man akustische Elemente in seine Internetpräsenz aufnehmen soll, ist u. a. von der Art der angebotenen Leistung abhängig. Während akustische Elemente bei rationalen, informierenden Websites eher dezent und punktuell eingesetzt werden sollten, können akustische Stimuli bei emotionalen, erlebnisorientierten Websites gezielt genutzt werden, um Emotionen aufzubauen. Akustische Reize im Internet können zwei Funktionen einnehmen. Zum einen können sie Inhalte vermitteln („content sounds"), zum anderen als Hintergrundmusik bzw. -geräusche („ambient sounds") dienen.

Eine akustische Marken-Website sollte jedenfalls Anforderungen unterschiedlicher Nutzergruppen gerecht werden. Während beispielsweise einige Nutzer eine akustische Umgebung bevorzugen, kann die Verwendung akustischer Elemente auf andere Nutzer schnell störend wirken. So empfiehlt es sich, dass der Rezipient bei akustisch gestalteten Websites immer die Möglichkeit hat, den Klang zu deaktivieren.

Ziel der vorliegenden Arbeit ist es, eine kompakte und praxistaugliche Darstellung von Sound Websites zu geben. Für die Unternehmenspraxis werden wichtige Ansatzpunkte zur akustischen Gestaltung von Websites geliefert, die durch ein konkretes Beispiel der Marke BMW illustriert werden. Das Werk richtet sich an Marketing-

Verantwortliche, die ihrem Unternehmen bzw. ihren Marken ein unverwechselbares akustisches Profil im Web verleihen möchten.

Die Arbeit ist in fünf Kapitel gegliedert. Nach dem einleitenden ersten Kapitel sollen im zweiten Kapitel die theoretischen Grundlagen zur Wahrnehmung und Wirkung akustischer Reize kompakt vermittelt werden. Das dritte Kapitel beinhaltet die theoretischen Grundlagen zur akustischen Gestaltung von Sound Websites. Das vierte Kapitel beinhaltet das Praxisbeispiel der BMW Sound Website.

Das fünfte Kapitel umfasst das Fazit und einen Ausblick der Arbeit.

In der vorliegenden Arbeit wird aus Gründen der leichteren Lesbarkeit die männliche Form verwendet. Sie steht stellvertretend für Personen jeglichen Geschlechts.

Ihr Transfer in die Praxis

- Prüfen Sie, mit welchen Sinnen Sie Ihre Kunden in der Kommunikation ansprechen können.
- Machen Sie bereits Werbung für Ihr Unternehmen bzw. Ihre Marke(n) im Internet?
- Nutzen Ihre Wettbewerber multisensorisches Marketing, insbesondere akustisches Marketing?
- Ist Ihre Website eher rational, informierend oder emotional, erlebnisorientiert gestaltet?

Literatur

Balmer J.M.T. (2001): Corporate identity, corporate branding and corporate marketing – seeing through the fog, in: European Journal of Marketing, Vol. 35, Nr. 3/4, S. 248–291.

Bauer, H.H./Mäder, R./Fischer, C. (2003): Determinanten der Wirkung von Online-Markenkommunikation, in: Marketing ZFP, 25, S. 227–241.

Blinda, L. (2003): Relevanz der Markenherkunft für die identitätsbasierte Markenführung, Arbeitspapier Nr. 2, Lehrstuhl für innovatives Markenmanagement, Univ. Bremen.

Burmann, C./Halaszovich, T./Schade, M./Piehler, R. (2018): Identitätsbasierte Markenführung: Grundlagen – Strategie – Umsetzung – Controlling, Wiesbaden: Springer-Gabler.

Deutsches Patent und Markenamt (DPMA) (2022): Aktuelle Marken-statistiken, URL: https://www.dpma.de/dpma/veroeffentlichungen/statistiken/marken/index.html. Zugegriffen: 12. Juli 2023.

Dou, W./Nielsen, U./Tan, C.M. (2002): Using Corporate Websites for export marketing, in: Journal of Advertising Research, 42, S. 105–115.

Eighmey, J. (1997): Profiling User Responses to Commercial Web Sites, in: Journal of Advertising Research, 37, S. 59–66.

Esch, F.-R./Roth, S./Kiss, G./Hardiman, M./Ullrich, S. (2005): Marken-kommunikation im Internet, in: Esch, F.-R. (Hrsg.): Moderne Marken-führung. Grundlagen. Innovative Ansätze. Praktische Umsetzungen, 4. Auflage, Wiesbaden: Gabler.

Ghose, S./Dou, W. (1998): Interactive Functions and their impacts on the appeal of internet presence sites, in: Journal of Advertising Research, 38, S. 29–43.

Keller, R./Fischer, J.-H. (2008): Die Informationsüberlastung der Konsu-menten: Eine empirische Studie aus Sicht der Marketingkommunikation. Diplomarbeit. Saarbrücken. Universität des Saarlandes, Institut für Konsum- und Verhaltensforschung.

Kroeber-Riel, W./Esch, F.-R. (2015): Strategie und Technik der Werbung. Ver-haltenswissenschaftliche und neurowissenschaftliche Erkenntnisse, 8. Aufl., Stuttgart: Kohlhammer.

Kroeber-Riel, W./Gröppel-Klein, A. (2019): Konsumentenverhalten, 11. Aufl., München: Vahlen.

Kurz, H. (1998): Determinanten der Akzeptanz von Firmenauftritten im Internet, in: Der Markt, 37, S. 215–226.

Millward Brown (2012): "BrandZ: Top 100 Most Valuable Global Brands 2012", URL: http://www.millwardbrown.com/brandz/2012/Documents/2012_BrandZ_Top100_Chart.pdf. Zugegriffen: 15. Juli 2023

Meffert, H./Burmann, C. (1998): Abnutzbarkeit und Nutzungsdauer von Marken. Ein Beitrag zur steuerlichen Behandlung von Warenzeichen, in: Meffert, H./Krawitz, N. (Hrsg.): Unternehmensrechnung und -besteuerung. Grundfragen und Entwicklung, Wiesbaden: Gabler, S. 75–126.

Schweizer, M./Rudolph, T. (2004): Wenn Käufer streiken. Mit klarem Profil gegen Consumer Confusion und Kaufmüdigkeit, Wiesbaden: Gabler.

2

Wahrnehmung und Wirkung akustischer Reize

Was Sie aus diesem Kapitel mitnehmen

- Wie akustische Reize durch das menschliche Ohr aufgenommen werden.
- Welche akustischen Gestaltungsparameter die Empfindung von Emotionen beeinflussen.
- Welcher typische Klangcharakter den jeweiligen Dur- und Molltonarten zugeordnet werden.
- Welche Wirkung akustische Reize in der Kommunikation entfalten können.

Grundsätzlich ist der Mensch verschiedenen Umweltreizen ausgesetzt, die er über die fünf Sinnesorgane Augen, Ohren, Nase, Zunge und Haut aufnimmt. Die moderne Physiologie kennt für den Menschen noch vier weitere Sinne, nämlich den Gleichgewichtssinn, die Thermozeption (Temperatursinn), die Nozizeption (Schmerzempfindung) und die Propriozeption (Körperempfindung) (Springer 2008). Aufgrund der Verschiedenartigkeit der Sinnesorgane gibt es jedoch keine allgemeingültige physikalische Definition von Reizen, die in der Regel nur der Auslöser für eine Wahrnehmung sind.

P. Steiner, *Quick Guide Sound Websites,* Quick Guide,
https://doi.org/10.1007/978-3-658-43220-1_2

In den fünf Sinnesorganen befinden sich Sinneszellen (Rezeptoren) mit einer hohen Empfänglichkeit für eintreffende adäquate Reize. Jeder Rezeptor ist dabei auf bestimmte Reize spezialisiert und wandelt diese in nervöse Erregungen um, die über sensible Nerven an das zentrale Nervensystem weitergeleitet werden. Entscheidend dabei ist, ob die Reize bei der Aufnahme einen bestimmten Schwellenwert überschreiten, denn von der Reizschwelle hängt ab, ob es überhaupt zu einer Informationsaufnahme kommt.

Wird die Wahrnehmung einer Sinnesmodalität (z. B. Töne) mit einer anderen Sinnesmodalität (z. B. Farben) gekoppelt, so spricht man von Synästhesie. Hierbei ruft ein durch einen adäquaten Reiz ausgelöster sinnlicher Ausdruck im Bewusstsein des Wahrnehmenden einen zweiten Eindruck hervor. So können beispielsweise Düfte zu visuellen Eindrücken oder Töne zu farblichen Assoziationen führen. Die Kopplung auditiver und visueller Wahrnehmung ist gegenüber den anderen Sinnen besonders ausgeprägt (Haverkamp 2001).

Da der Mensch Eindrücke meist in Kombination aufnimmt, z. B. als Geschmack und Geruch spricht man auch von multisensualer Wahrnehmung. Im Zuge des Wahrnehmungsprozesses werden die Informationen, die über die getrennten Sinneskanäle aufgenommen wurden, zu einer ganzheitlichen Wahrnehmung vereinigt. Letztlich werden die empfangenen Informationen als Bilder, Geräusche, Temperatur, Bewegung bzw. Berührung erfahren.

Die Sinne haben unterschiedliche Übertragungskapazitäten. Jedes sensorische System kann pro Zeiteinheit nur eine begrenzte Anzahl von Informationen an das Zentralnervensystem weiterleiten. Die allgemeine Informationsaufnahmekapazität des Menschen beträgt etwa 10 bis 16 Bit/Sek. Von den vielen Informationen, die unsere Sinnesorgane wahrnehmen, gelangt nur ein Bruchteil in das menschliche Bewusstsein (Kesseler 2004).

Alle von den Sinnesorganen erhaltenen Signale werden je nach Übertragungskapazität von den im Cortex liegenden primären sensorischen Arealen empfangen und verarbeitet, wobei die Wirkung dieser Verarbeitung höher ist, wenn der Einsatz mehrerer Reizmodalitäten zeitgleich und ganzheitlich erfolgt. Ist man gleichzeitig vielen Reizen gleicher oder unterschiedlicher Modalität ausgesetzt, kann es jedoch

auch zur Reizüberflutung und folglich zur Störung im Wahrnehmungs-
prozess kommen. Um einer Reizüberflutung vorzubeugen, werden
nicht alle Reize im Gehirn verarbeitet, sondern vorab „gefiltert". Dieser
Prozess wird Anpassung der Rezeptoren oder Adaption genannt.

2.1 Aufnahme akustischer Reize durch das menschliche Ohr

Vielfach wurde nachgewiesen, dass das Ohr im „Orchester der Sinne"
eine besondere, integrierende Funktion einnimmt. Der Hörsinn, der zu
den Fernsinnen zählt, ist von allen Sinnen derjenige, der die Zeit am
feinsten auflöst. Im Gegensatz zu den beiden Fernsinnen Hörsinn und
Sehsinn zählen die übrigen Sinne zu den Nahsinnen. Bei den Nahsinnen wird der Sinneseindruck direkt mit dem Organ verknüpft.

Analog zum visuellen Bereich kann für den akustischen Bereich die
Verwendung der Gestaltgesetze als Ausgangspunkt zur Gestaltung
akustischer Markenelemente dienen. Folgende Gesetzmäßigkeiten
(Springer 2008) werden demnach unterschieden:

- Nach dem Gesetz der Ähnlichkeit werden zwei akustische Signale
  als zusammengehörig empfunden, wenn sie ähnliche oder gleich
  klingende Frequenzanteile aufweisen.
- Das Gesetz der Nähe besagt, dass Signale als zusammengehörig
  empfunden werden, wenn deren zeitlicher Abstand im Verhältnis zu
  einem Vergleichston besonders gering ist.
- Das Gesetz der guten Fortsetzung beschreibt die Entstehung eines
  Zusammenhangs zwischen durchgehend zu hörenden akustischen
  Signalen.
- Das Gesetz der Erfahrung besagt, dass der Einzelne gelernt hat, wie
  akustische Signale im Normalfall zu interpretieren sind und wie
  einzelne Elemente als Ganzes zusammengefügt werden.
- Nach dem Gesetz der Geschlossenheit werden nicht vorhandene
  akustische Signale in der Wahrnehmung ergänzt.

- Das Gesetz der guten Verlaufsgestalt von Tönen beschreibt die Eigenständigkeit akustischer Signale durch eine beabsichtigte, stimmige Ordnung.
- Nach dem Gesetz der Transponierbarkeit wird die Gestalt akustischer Signale nicht durch die absolute Höhe bestimmt, sondern ausschließlich durch ihre Abfolge und Zeitdauer.
- Der Grund für die musikalische Empfindung setzt sich zusammen aus „dem augenblicklichen Schwierigkeitsgrad der Erkennung von Schallmustern, der Treffsicherheit von Vorhersagen, die das Gehirn zur Beschleunigung dieses Erkennungsprozesses erstellt, und der Art der Assoziation, die durch Vergleiche mit gespeicherter Information über früher gewonnene Eindrücke hervorgerufen werden." (Roederer 2000).

Bei der Wahrnehmung von akustischen Reizen kommen einerseits Attribute zur Anwendung, die nicht unbedingt unmittelbar physischen Eigenschaften von Klangquellen zugeordnet werden können (z. B. Tonhöhe, Klangfarbe). Solche abstrakten Attribute sind oft in traditionellem musikalischem Kontext von Bedeutung („Musical Listening"). Andererseits können Klänge im Sinn von Eigenschaften klangerzeugender Prozesse wahrgenommen werden. Dies ist meistens unwillkürlich in alltäglichen Situationen (z. B. Verkehrsgeräusche) der Fall („Everyday Listening") (Gaver 1988).

Im Mittelpunkt des auditiven Sinnessystems stehen die Schallaufnahme und -analyse, denn die biologische Bedeutung des Hörsinns ist nicht das Musikhören, sondern die Ortung von Schallquellen in der Umwelt. Diese hoch automatisierte Fähigkeit war in den Anfangszeiten der menschlichen Entwicklung überlebenswichtig, weshalb sie auch grundsätzlich nicht abgeschaltet werden kann.

Um ein Schallereignis wahrnehmen zu können, muss eine einfache physikalische Wirkungskette vorausgehen. Dabei versetzt eine Schallquelle die sie umgebende Luft in kleine Schwingungen, die in Folge von Kompressibilität und Masse der Luft übertragen werden und zum Ohr des Hörers gelangen. In der übertragenden Luft (bzw. dem Gas oder der Flüssigkeit) finden dabei physikalisch kleine Druckschwankungen statt.

Dieser Druck wird als Schalldruck bezeichnet und ist naturgemäß orts- und zeitabhängig (Möser 2009).

Das menschliche Gehör ist u. a. durch das Richtungshören charakterisiert. Dies wird dadurch ermöglicht, dass Schallquellen, die nicht direkt aus der Blickrichtung kommen, mit unterschiedlicher Intensität (Amplitudendifferenz) und kleinsten Zeitunterschieden (Zeitdifferenz) an den Ohren eintreffen. Da die Abnahme der Amplitude und die Entfernung von der Schallquelle in einem festen Verhältnis zueinanderstehen, kann die Amplitudendifferenz zwischen beiden Ohren auch als Information über die Entfernung der Schallquelle genutzt werden.

Des Weiteren ist das menschliche Gehör durch seine Trägheit gekennzeichnet, die bei kurzen Schallimpulsen die Wahrnehmung in voller Pegelhöhe verhindert. Das Gehör besitzt die besondere Fähigkeit, Geräusche mit bestimmten Eigenschaften in Verbindung zu bringen. Diese Tatsache wird u. a. beim Sound Design genutzt, insbesondere in der Automobilwirtschaft. So soll das typische Geräusch beim Zuschlagen von Autotüren Sicherheit und Qualität signalisieren, der Motorsound hingegen Emotionen transportieren.

Das Hörfeld bezeichnet jenen Bereich der auditiven Wahrnehmung, in welchem ein akustisches Ereignis im auditiven System eine wahrnehmbare Empfindung auslöst. Beim Menschen reicht dieser hörbare Frequenzbereich von etwa 16 bis 20.000 Hz (Hz) und umfasst rund zehn Oktaven mit jeweils zwölf halben Tönen. Die Fähigkeit zum Hören der hohen Frequenzen ist jedoch individuell verschieden und vor allem vom Personenalter abhängig. Während in jungen Jahren selbst Frequenzen bis zu etwa 20 kHz gehört werden, sinkt diese Frequenzgrenze im hohen Alter unter 10 kHz herab. Schall mit Frequenzen unterhalb des Hörbereichs (Infraschall) und oberhalb des Hörbereichs (Ultraschall) ist für den Menschen nicht hörbar.

Das Ohr ist in verschiedenen Frequenzbereichen unterschiedlich empfindlich. So liegt der Bereich der größten Empfindlichkeit zwischen 3 und 5 kHz. Tonhaltige Geräusche in diesem Frequenzbereich werden als besonders störend empfunden. Ausgehend vom Stimmton a, der 1939 auf 440 Hz festgelegt wurde, werden Töne je nach ihrer Frequenz in tiefe, mittlere und hohe Töne eingeteilt. So umfassen tiefe Töne den Frequenzbereich von ca. 20 bis 250 Hz, mittlere Töne decken den Bereich zwischen 250 und 1000 Hz ab und Töne im Bereich zwischen 1000 und 4200 Hz werden als hohe Töne bezeichnet. Oberhalb von 4200 Hz sind keine Grundtöne mehr angesiedelt (Flückiger 2001). Der Frequenzabschnitt, der für die Sprachwahrnehmung wichtig ist, liegt etwa zwischen 400 und 3000 Hz.

Die drei menschlichen Primärempfindungen bei der Wahrnehmung von akustischen Ereignissen sind Lautstärke, Tonhöhe und Klangfarbe. Die Empfindung der Tonhöhe hängt mit der Grundfrequenz zusammen, die Lautstärke mit der Intensität und die Klangfarbe mit dem Frequenzspektrum (Roederer 2000). Kulturspezifische Erfahrungen und Gewohnheiten beeinflussen zusätzlich unser Klangempfinden.

Die Zuordnung von Tonhöhe, Lautstärke und Klangfarbe zu einem musikalischen Klang ist das Ergebnis der Verarbeitungsvorgänge in Ohr und Gehirn und folglich subjektiv und nicht direkt physikalisch messbar. Prinzipiell ist es aber möglich, jede dieser drei primären Empfindungen mit einer genau definierten Größe des ursprünglichen Reizes, d. h. der Schallwelle, in Verbindung zu bringen, die mit physikalischen Methoden genau gemessen und in Zahlen ausgedrückt werden kann. So hängt die Empfindung der Tonhöhe mit der Grundfrequenz zusammen, die Lautstärke mit der Intensität und die Klangfarbe mit dem Frequenzspektrum.

Beim auditiven Übertragungsweg befinden sich bedeutend mehr Zwischenstationen im Gehirn als beim visuellen System. Dafür nimmt das auditive System eines Individuums auch Informationen über Objekte auf, die sich seitlich oder hinter ihm befinden. Erklingen zwei oder mehr Töne zeitgleich, so kann unser Gehirn sie einzeln wahrnehmen. Selbst einfache Melodien enthalten unterschiedliche musikalische Dimensionen wie Rhythmus, Harmonik und Dynamik.

Akustische Reize, insbesondere Musik, können Bedeutungen in zwei unterschiedlichen Richtungen transportieren. Zum einen können akustische Stimuli den Sinnesgehalt von konkreten Sounds (u. a. Vogelgezwitscher) vermitteln. Zum anderen eignen sich akustische Elemente, um abstrakte Klänge (u. a. Sound Logo) zu kommunizieren.

Man geht heute davon aus, dass die effizienteste wahrnehmungs-basierte Wissensrepräsentation, d. h. die Organisation und Nutzung von Informationen im Langzeitgedächtnis, durch duale Kodierung verbaler und visueller Reize geschieht. Dabei werden sowohl die linke als auch die rechte Hirnhälfte angesprochen. Die Reizmuster in Form von multisensualen Reizen werden im Gehirn als innere „Gedächtnis-bilder" (Imageries) repräsentiert. Dabei können nicht nur visuelle Reize als Imageries fungieren, sondern auch Reize anderer Sinnesmodalitäten, wie akustische Reize. So werden akustische Bilder gedanklich oft mit visuellen Bildern verbunden. Insbesondere im Radio spielen akustische Bilder eine zentrale Rolle, um eine lebendige Markenerinnerung zu erreichen und sachliche oder emotionale Eindrücke zu erzeugen (Linxweiler 2004).

2.2 Akustische Reize als Auslöser von Emotionen

Grundsätzlich können akustische Reize sowohl emotionale (affektive) als auch kognitive (Marken)Informationen vermitteln, wobei dies vor allem für Musik im Zusammenhang mit dem Auslösen von Emotionen nachgewiesen werden konnte: Es wundert daher nicht, dass neueste Studien zur Repräsentation von Musik im Gehirn ergaben, dass praktisch das gesamte Gehirn zur Musik beiträgt (Spitzer 2002). Kaum jemand wird wohl daran zweifeln, dass akustische Reize, insbesondere Musik, den Menschen emotional ergreifen und in unterschiedliche Stimmungen versetzen kann.

Zahlreiche Studien belegen, dass das Hören von Musik Emotionen beim Rezipienten auslöst. Durch die Wahl der Musikinstrumente (abgestimmt auf einzelne Zielgruppen) lassen sich dabei spezifische Emotionen, wie „französisches Savoir vivre" oder „Sehnsucht nach der Ferne" auslösen, die von einer großen Anzahl von Rezipienten gleich-sam empfunden werden. In Studien zeigte sich ebenfalls, dass unter-schiedliche Musikstile bestimmte Bedeutungen beim Rezipienten erzielen können. Beispielsweise erzeugte klassische Musik oder Rap-

Musik einen ähnlichen ästhetischen Ausdruck über viele Probanden hinweg.

Bruner (1990) unterscheidet die folgenden akustischen Gestaltungsparameter: Lautstärke, Tempo, Rhythmus, Tonart, Tonhöhe und Harmonie. Diese können gezielt eingesetzt werden, um die vom Rezipienten empfundenen Emotionen zu beeinflussen. So haben mehrere Studien belegt, dass schnelle Musik fröhlicher und angenehmer empfunden wird als langsame Musik.

Tab. 2.1 stellt exemplarisch die Vermittlung ausgewählter emotionaler Ausdrücke durch zeit- und klangbezogene akustische Gestaltungsparameter dar.

Die Wichtigkeiten einzelner zeit- oder klangbezogener akustischer Gestaltungsparameter lassen sich auch hierarchisieren. So fand Hevner (1936) heraus, dass die Ausdruckskraft der Tonart (Dur und Moll) am stabilsten und generell eher verstanden wird als andere akustische Gestaltungsparameter. So wird Musik in einer Dur-Tonart oft mit fröhlicher, lebhafter Stimmung in Verbindung gebracht, Musik in einer Moll-Tonart hingegen als melancholisch, traurig, depressiv, geheimnisvoll erlebt. Nach einer Systematik von Helms (1981) werden den jeweiligen Dur- und Molltonarten typische Klangcharakter zugeordnet. Tab. 2.2 fasst den Klangcharakter von Tonarten zusammen.

So besitzt bereits die Interaktion von nur zwei akustischen Gestaltungsparametern (z. B. Tempo und Tonart) eine Komplexität, die schwierig zu kontrollieren und interpretieren ist. Die Verarbeitung und Speicherung von akustischen Reizen ist noch nicht vollständig erforscht. Daher verwundert es nicht, dass neurophysiologische Grundlagen der

Tab. 2.1 Vermittlung eines emotionalen Ausdrucks durch einzelne Gestaltungsparameter akustischer Reize. (Eigene Darstellung in Anlehnung an Bruner 1990)

Gestaltungsparameter akustischer Reize	Emotionaler Ausdruck		
	Traurig	Glücklich	Erschreckend
Tonart	Moll	Dur	Moll
Tempo	Langsam	Schnell	Langsam
Tonhöhe	Niedrig	hoch	Niedrig
Rhythmus	Gleichbleibend	Fließend	Uneben
Harmonie	Dissonant	Konsonant	Dissonant
Lautstärke	Gering	Mittel	Variierend

Tab. 2.2 Klangcharakter von Tonarten. (Eigene Darstellung in Anlehnung an Helms 1981)

Tonart	Klangcharakter
C-Dur	Ernst, aber dumpf
D-Dur	Heiter, lärmend, aber gewöhnlich
Es-Dur	Majestätisch, ernst, heroisch
E-Dur	Edel
F-Dur	Markig, kräftig (Marschmusik)
As-Dur	Sanft, sehr edel
C-Moll	Düster, wenig hell klingend
G-Moll	Schwermütig, hell klingend, sanft
H-Moll	Wild, heftig

Wahrnehmung von Musik als komplexem akustischem Reiz bisher nur ansatzweise aufgeklärt sind. Im Folgenden werden empirische Erkenntnisse zur Wirkung akustischer Reize in der Kommunikation zusammengefasst.

2.3 Wirkung akustischer Reize in der Kommunikation

Der konzeptionelle, gestalterische Umgang und Einsatz mit akustischen Reizen ist keine Trenderscheinung, sondern ein Prozess, der sich über die Jahrhunderte entwickelt hat. Bereits um ca. 500 v. Chr. haben sich Philosophen mit der Frage der Wirkung von Musik auf den Menschen beschäftigt (Stoffer 2011). Die naturwissenschaftliche Auseinandersetzung mit akustischen Reizen hat jedoch erst vor rund 100 Jahren begonnen.

Naturwissenschaftler haben sich zuerst der Akustik, die Lehre vom Schall, danach der Psychoakustik, die sich mit der menschlichen Wahrnehmung von Geräuschen beschäftigt, gewidmet. Erst vor einigen Jahrzehnten entwickelten sich parallel dazu die Neurowissenschaften. Aus diesen Anfängen der empirischen Untersuchung von akustischen Reizen resultieren verschiedene Forschungsgebiete und Forschungsergebnisse.

Akustische Reize werden u. a. seit rund 60 Jahren gezielt als Mittel zur Unterstützung von Werbebotschaften eingesetzt. Dies liegt u. a.

darin begründet, dass der akustische Wahrnehmungskanal besonders effizient ist, da Menschen von sich aus eine sehr hohe Affinität für emotionales und assoziatives Involvement gegenüber Musiken und Klängen aufweisen (Schramm und Kopiez 2011).

Nach Roth (2005) befindet sich jedoch die Untersuchung von akustischen Reizen zur Kommunikation in der Position „schlecht erforschter Mauerblümchen". Bruner (1990) weist darauf hin, dass sich bis 1990 weniger als 20 empirische Marketing-Studien auf die Verwendung von Musik bezogen. Unter den akustischen Elementen wurde bislang die Musik am ausgiebigsten wissenschaftlich untersucht. Dabei konnte ein umfassender Einfluss der Musik auf unterschiedliche Bereiche nachgewiesen werden.

Analog zur Psychologie ist es primär Aufgabe der Musikpsychologie, universelle Gesetzmäßigkeiten beim Musikhören und Musikmachen zu erforschen. Die Psychophysik und die Psychophysiologie dienen dafür als Grundlage dieser Gesetzmäßigkeiten. Ableitend aus der Allgemeinen Psychologie können schließlich Aussagen über die Prozesse der Wahrnehmung, Repräsentation und Produktion von Musik getroffen werden.

In unserer Musikkultur erfolgt häufig eine Einschränkung des Musikbegriffs auf die tonal gebundene Musik (Dur-Moll-Tonalität). Dabei handelt es sich um eine nicht gerechtfertigte eurozentrische Sicht, denn ein Blick auf inner- wie auch außereuropäische Musikkulturen beweist, dass es auch tonal nicht gebundene Musikformen (atonale Musik) gibt.

Frühe Forschungsarbeiten haben den Einfluss von Musik auf die Stimmung und Emotionen von Menschen untersucht. So zeigen die Ergebnisse der Studie von Rigg (1940), dass schnelle Musik fröhlicher wahrgenommen wird als langsame Musik. Zudem konnte bei einigen Studien nachgewiesen werden, dass Musik in hoher Tonlage mit Freude assoziiert wird, hingegen Musik in tiefer Tonlage mit Traurigkeit.

Kellaris und Kent (1991, 1994) haben die Wirkung unterschiedlicher Tonarten auf Konsumenten-Reaktionen untersucht. Wie die Ergebnisse zeigen, wird allgemein Musik in Dur-Tonart als attraktiver empfunden als Musik in Moll-Tonart oder atonale Musik. Die Ergebnisse zeigen, dass unterschiedliche Tonalitäten von Musik (Dur-Moll-Tonalität, Atonalität) die subjektive Zeitwahrnehmung der Hörer beeinflussen kann.

Die Verwendung von akustischen Reizen, insbesondere Musik, kann die Erinnerung an die Werbung, an den Werbeslogan oder an das beworbene Produkt bzw. Marke verbessern. Eine sich wiederholende, einfache Melodie eines (Werbe)Songs kann als Erinnerungshilfe für den Text dienen.

Um die Erinnerungsfähigkeit zu fördern, muss die assoziativ-emotionale Komponente von akustischen Reizen beachtet werden. Je nach Art der Musik haben musikalische Hintergrundelemente positive Auswirkungen auf die Verarbeitung von Informationen. So zeigen die Ergebnisse von Allan (2006), dass sich Popmusik mit Gesang positiver auf Aufmerksamkeit und Erinnerung der Werbung auswirkt, als Instrumental-Musik oder keine Musik. Zudem beeinflusst auch die persönliche Bedeutung eines Popsongs in der Werbung Aufmerksamkeit und Erinnerung positiv. Ob die Erinnerung an die Werbung oder die Marke durch den Einsatz von akustischen Stimuli verbessert wird, ist u. a. vom Involvement des Rezipienten abhängig (Alpert und Alpert 1991).

Zahlreiche Forschungsarbeiten belegen, dass im Sinne des Modalitätseffekts eine Kombination von akustischen und visuellen Reizen einen positiven Einfluss auf die Verstehens- und Erinnerungsleistungen hat. Dies resultiert daher, da in unterschiedlichen Modalitäten kodierte Informationen kognitiv besser integriert werden (Moreno und Mayer 1999). Vor allem unerfahrene Nutzer zeigen bei einer Darbietung von visuellen Textinformationen in Kombination mit auditiv-verbalen Elementen eine bessere Informationsverarbeitung.

Ein wichtiges Gestaltungselement in der Markenkommunikation sind verbale Reize. So können paraverbale Zusatzinformationen (u. a. Akzent) die zu vermittelnden Informationen persönlicher wirken lassen. Beispielsweise kann die Verwendung akustischer Reize im Internet zu einer Erhöhung der Bildbetrachtungszeiten der Rezipienten führen.

Sharma und Stafford (2000) konnten feststellen, dass eine Ladenatmosphäre, die durch eine gehobene Ausstattung, gedeckte Farben und mit dazu passender klassischer Hintergrundmusik charakterisiert ist, die subjektiv wahrgenommene Glaubwürdigkeit des Verkaufspersonals erhöht. Die Ergebnisse von Hui et al. (1997) zeigen eine Verbesserung der Beurteilung des Service durch die Verwendung von Musik im

Service-Bereich (u. a. Restaurant). Nach Peevers et al. (2009) kann Musik die wahrgenommene Wartezeit in der Telefonwarteschleife signifikant reduzieren.

Die empirischen Studienergebnisse von Roth (2005) zeigen, dass Musik bzw. Geräusche, die besonders auffällig gestaltet sind, die Aufmerksamkeit der Rezipienten gegenüber kommunikativen Maßnahmen beeinflussen können. Es soll eine Sympathie zum Unternehmen bzw. zum Produkt oder zur Marke hergestellt und vor allem eine hohe Wiedererkennung erreicht werden. Dabei spielen Melodik und Harmonik eine bedeutende Rolle. Die Ergebnisse einer Studie von Langeslag et al. (2013) zeigen, dass die Verwendung von Sound Logos in Videogames zwar die Markenerinnerung signifikant unterstützen kann, jedoch keinen Einfluss auf das Markenimage ausübt.

Nach den Ergebnissen von Kellaris und Rice (1993) hat das Geschlecht einen moderierenden Einfluss auf Reaktionen hinsichtlich der Lautstärke von Musik. So reagieren Frauen signifikant positiver auf leise als auf laute Musik. Nach North und Hargreaves (2008) bevorzugen Frauen laut allgemeinem Muster „softer musical styles" (u. a. Pop-Musik), Männer hingegen „harder, more aggressive styles" (u. a. Hardrock-Musik).

Mehrere Studien kommen zum Ergebnis, dass eine dem Kontext angepasste Musik („musical-fit" bzw. „music-message fit") eine positive Wirkung auf die Einstellung zur Werbung, zur Marke und auf das Kaufverhalten erzielen kann. Die Ergebnisse von Kellaris und Mantel (1996) zeigen einen signifikanten positiven Einfluss von Stimulus-Kongruenz („stimulus congruity"), d. h. die Übereinstimmung der durch Musik hervorgerufenen Bedeutung mit jener der Werbebotschaft, auf die wahrgenommene Dauer von Werbung. Wie Kellaris et al. (1993) herausgefunden haben, beeinflussen Stimulus-Kongruenz und der Wert der Aufmerksamkeitssteigerung („attention-gaining value") in Wechselwirkung die Rezeption der Werbebotschaft. Aufbauend auf dieser Studie empfehlen Shen und Chen (2006) den Einsatz kongruenter Musik in der Werbung.

Areni und Kim (1993) konnten empirisch nachweisen, dass in einem Weingeschäft, in dem klassische Musik (u. a. Mozart) im Hintergrund gespielt wurde, signifikant höhere Umsätze erzielt werden als mit aktuellen Charts. Nach Salzmann (2007) muss die gewählte Musik kongruent zum erlebnisorientierten Ladengestaltungsthema sein (z. B. Reggae-Musik zum karibischen Urlaubserlebnis eines Bademodegeschäftes), um eine positive emotionale Anmutung zu erreichen.

Letztlich beeinflussen auch Faktoren, die vom kommunikativen Absender nicht selbst beeinflusst werden können, die (emotionale) Wirkung von akustischen Reizen, insbesondere Musik. Dazu gehören u. a. Geschlecht, Alter, kultureller Hintergrund des Hörers, Einstellung, momentane Stimmung, aktuelle Situation des Rezipienten, musikalisches Training des Zuhörers, Gefallen, Vertrautheit, als auch bestimmte Erinnerungen, die mit einem Musikstück assoziiert werden.

Die Einstellung zur Marke wird durch die Einstellung zur Werbung beeinflusst. So kann sich eine positive Einstellung gegenüber der Werbung in einer positiven Einstellung zur Marke niederschlagen.

Weitere Studien haben einen Einfluss der Einstellung zur Werbung auf die Kaufabsicht bestätigt. Zudem konnten Biehal et al. (1992) feststellen, dass sich die Einstellung zur Werbung auch auf die Markenwahl auswirkt. MacKenzie et al. (1986) konnten zeigen, dass Konsumenten das beworbene Produkt dann besser bewerten, wenn ihnen auch die Werbemaßnahme gefällt.

Die Einstellung zur Werbung ist grundsätzlich von der Einstellung zur Marke, die ebenfalls die Werbewirkung beeinflussen kann, zu unterscheiden. Letztlich ist die Einstellung zur Marke stabiler als die Einstellung zur Werbung, „da sie in der Regel auf vorhandenen, realen Markenerfahrungen beruht" (Föll 2007).

Nach Craton und Lantos (2011) wird die Einstellung zur Werbung durch die Einstellung zur Werbemusik signifikant beeinflusst. Die Einstellung zur Werbemusik umfasst wie die Einstellung zur Werbung sowohl kognitive als auch affektive Dimensionen.

Nach den Ergebnissen der Studie von Alpert und Alpert (1988) kann Musik dazu beitragen, dass Werbung als weniger störend oder irritierend empfunden wird sowie Ablehnung und Missfallen reduziert werden. Der Effekt zeigt sich vor allem bei Musik, die sich an bekannte Melodien anlehnt oder bei Werbung mit Jingles (Aaker und Bruzzone 1985). Galan (2009) konnte die Ergebnisse früherer Studien bestätigen, in denen empirisch nachgewiesen wurde, dass Musik, die als angenehm empfunden wird bzw. die den Musikpräferenzen der Rezipienten entspricht, die Einstellung zur Werbung und zur Marke als auch die Kaufabsicht verbessern kann.

Eine Studie von Park und Young (1986) hat gezeigt, dass bei der Verwendung von Musik in der Kommunikation kognitiv involvierte Testpersonen eine negativere Markeneinstellung und Verhaltensintentionen hatten als Personen, denen keine Musik dargeboten wurde. Bei geringem Involvement kehrt sich der Effekt um, d. h. die Informationsverarbeitung wird bei Vorhandensein von Musik unterstützt, Markeneinstellung und Verhaltensintentionen werden mit Musik positiver angegeben.

Flath (2012) hat eine experimentelle Untersuchung zum Einfluss von Klangqualitäten auf die Wahrnehmung des Images eines Produktes im Kontext von Fernsehwerbung durchgeführt. Die Ergebnisse dieses Experiments zeigen nicht nur, dass Klangqualitäten unter größtmöglichem Ausschluss von Zeichenhaftigkeit unmittelbar kommunizieren, sondern auch wie feine Unterschiede von Klangqualitäten im Kontext einer spezifisch multimedialen Darbietung im semantischen Raum differenzieren.

Roth (2005) konnte in ihrer Studie ermitteln, dass die Integration von Musik und Akustik in visuelle Szenen die Einstellung zur Marke und das innere Bild zur Marke fördert. Voraussetzung dazu ist jedoch, dass die visuellen und akustischen Reize zueinander passen. Es ist empirisch belegt, dass man beim Hören eines einprägsamen Jingles oder Liedes nochmals die bildlichen Szenen, die damit verknüpft sind, vor sein inneres Auge ruft und dadurch beim Hören bekannter Markenmusik eine Verstärkungswirkung erzielt wird. Dieser Effekt kann beispielsweise im Radio oder in Telefonschleifen verwendet werden.

Die Ergebnisse der Studie von Gorn (1982) zeigen, dass die Assoziation zwischen Produkt (konditionierter Stimulus) und Musik (unkonditionierter Stimulus) die Produktpräferenz beeinflussen kann. Weitere Studien haben herausgefunden, dass Musik am Point of Sale (POS) die Produktbeurteilung signifikant beeinflusst. Dies lässt sich auch auf die beworbene Marke und damit die Markenwahrnehmung und Markeneinstellung übertragen. Nach Chebat et al. (2001) muss

Musik jedoch als passend zum POS wahrgenommen werden, um eine positive Einstellung gegenüber den POS zu besitzen.

Lavack et al. (2008) haben den Einfluss von „musical-fit" auf die Einstellung zur Radiowerbung und zur Marke untersucht. Die Ergebnisse zeigen, dass Markenkongruente Musik sowohl die Einstellung zur Werbung als auch die Einstellung zur Marke positiver beeinflusst als Musik ohne Marken-Fit bzw. keine Musik. So korrelieren beispielsweise akustische Reize, die allein einer atmosphärischen Anreicherung der Werbung dienen, negativ mit einer positiven Einstellungsänderung.

Die Ergebnisse von Zander (2006) zeigen, dass selbst Musik, die zur Marke passt, durch unterschiedliche Variationen (u. a. Musikstil, Tempo, Rhythmus) den Eindruck der beworbenen Marke verändern kann. Moosmayer und Melan (2010) haben empirisch nachgewiesen, dass die positive Beziehung zwischen wahrgenommenen Marken-Fit und Einstellungen der Konsumenten für Sound Logos stärker ist als für Hintergrundmusik. Um eine positive Wirkung von Musik in der Werbung zu erzielen, sollte das Musikstück jedenfalls sorgfältig ausgewählt und getestet werden.

Zahlreiche Studien haben den Einfluss von Hintergrundmusik auf das Konsumentenverhalten am POS, insbesondere auf das Kaufverhalten untersucht. Die Ergebnisse zeigen, dass Musik von den Konsumenten oft nicht bewusst wahrgenommen wird und den Kunden unbewusst in eine angenehme Stimmung versetzen kann. Dabei ist zu berücksichtigen, dass eine bewusst als unangenehm erlebte Musik sich negativer auf die Beurteilung der Einkaufsstätte auswirkt als keine Musik. Wird Musik von den Konsumenten als unangenehm empfunden, so werten sie diese als einen Beeinflussungsversuch des Handelsunternehmens und reagieren mit typischem psychologischem Reaktanzverhalten (Kroeber-Riel et al. 2009).

Wie die Ergebnisse der Studie von Smith und Curnow (1966) zeigen, reduziert laute Musik im Supermarkt die Verweildauer der Kunden. Nach Milliman (1982) beeinflusst das Tempo der Musik in einem Supermarkt nicht nur die Geschwindigkeit, mit der sich die Kunden bewegen, sondern auch die Höhe des Umsatzes. So hielten sich die Kunden bei langsamer Hintergrundmusik signifikant länger im Supermarkt auf und haben (deshalb) im Durchschnitt signifikant mehr Geld ausgegeben, als jene Kunden, die schnelle Musik hörten.

Die Ergebnisse einer anderen empirischen Studie von Milliman (1986) zeigen, dass das Tempo der Hintergrundmusik in Restaurants einen signifikanten Einfluss auf die Dauer des Einnehmens der Mahlzeit hat. So haben jene Personen, die langsame Musik im Hintergrund hörten, signifikant länger gebraucht, um ihr Essen zu beenden und das Lokal zu verlassen, als Personen, die der schnellen Musik ausgesetzt waren. Caldwell und Hibbert (1999) konnten empirisch nachweisen, dass das Tempo der Hintergrundmusik im Restaurant nicht nur Einfluss auf die tatsächliche und wahrgenommene Verweildauer der Gäste hat, sondern auch auf die Höhe der Ausgaben. Kellaris und Kent (1991) haben einen wechselwirkenden Einfluss von Tempo und Tonalität der Musik auf die Verhaltensabsicht der Rezipienten festgestellt.

Die Ergebnisse der Studie von Wilson (2003) zeigen, dass der Musikstil (Jazz, Pop, Easy Listening, Klassik) nicht nur einen Einfluss auf die wahrgenommene Atmosphäre der Umgebung hat, sondern auch auf die Höhe der Ausgaben der Gäste. So konnten North und Hargreaves (1998) nachweisen, dass Pop- und klassische Musik einen größeren positiven Einfluss auf die Kaufabsicht haben, als Easy Listening- oder keine Musik. Nach Kellaris und Kent (1994) bereitet schnelleres Tempo bei klassischer Musik signifikant mehr Freude, bei Popmusik hingegen mehr Erregung („arousal").

Herrington und Capella (1996) haben einen Einfluss der Präferenz für gespielte Hintergrundmusik während des Einkaufens auf das Kaufverhalten festgestellt. So haben sich bei Probanden, denen die Hintergrundmusik gefiel, sowohl die Dauer des Einkaufens als auch die Ausgaben erhöht.

North und Hargreaves (1996) haben herausgefunden, dass sowohl eine positive Korrelation zwischen dem Gefallen der Musik und dem Gefallen der Atmosphäre am POS besteht, als auch der Wiederbesuchsabsicht des POS.

Alpert et al. (2005) haben in ihrer Studie herausgefunden, dass sich die Kaufwahrscheinlichkeit erhöhen lässt, wenn Musik Emotionen hervorruft, die mit dem Symbolgehalt des Produktkaufes übereinstimmen. Wie die Ergebnisse der Studie von North et al. (1999) zeigen, beeinflusst Musik mit starker nationaler Assoziation die Produktwahl. So wurden in einem Supermarkt bei französischer Musik signifikant mehr französische Weine als deutsche Weine und umgekehrt gekauft.

Nach Lantos und Craton (2012) beeinflusst das Zusammenspiel der folgenden vier Variablen das Verhalten der Rezipienten bei akustischen Stimuli in der Kommunikation: „the listening situation", „the musical stimulus", „listener characteristics" und „the listener's advertising processing strategy".

Im Rahmen von Sound Marketing gewinnt das noch junge Forschungsfeld „Sound Symbolism" zunehmend an Bedeutung. Darunter versteht man „the direct linkage between sound and meaning" (Hinton et al. 1994). Mehrere Studien haben empirisch nachgewiesen, dass in bestimmten Sprachen Töne systematisch in einer Art „Sound Symbolism" genutzt werden. So werden hohe Töne in Wörtern überwiegend mit „klein", „nahe" oder „eng" assoziiert, tiefe Töne hingegen werden mit der Vorstellung „groß" in Verbindung gebracht.

Zahlreiche Studien haben die Wirkung des Markennamens auf Konsumenten untersucht. So konnte empirisch nachgewiesen werden, dass die Buchstabenform („letter shape") die Wahrnehmung der Marke beeinflusst (Doyle und Bottomley 2011). Zudem werden Markennamen, die phonetische Klangwiederholungen beinhalten (z. B. Coca-Cola), positiver bewertet (Argo et al. 2010). Die Phoneme eines Markennamens können auch Auswirkungen auf die Produktevaluation haben. So sind Markennamen, die produktbezogene Informationen vermitteln, beliebter und einprägsamer (Klink 2001). Zudem kann die Produkterfahrung verbessert werden, sofern der Klangsymbolismus des Markennamens die produktbezogenen sensorischen Erwartungen (über) trifft (Spence 2012).

Ihr Transfer in die Praxis

- Wie wirkt Musik in der Werbung auf Sie?
- Haben Sie einen Lieblings-Jingle oder ein bevorzugtes Sound Logo? Wenn ja, warum genau dieses?
- Kennen Sie Websites, die Sounds nutzen?

Literatur

Aaker, D. A./Bruzzone, D. E. (1985): Causes of Irritation in Advertising, in: Journal of Marketing, Vol. 49, S. 47–57.

Allan, D. (2006): Effects of Popular Music in Advertising on Attention and Memory, in: Journal of Advertising Research, December 2006, S. 434–444.

Alpert, M.I./Alpert, J.I./Maltz, E.N. (2005): Purchase occasion influence on the role of music in advertising, in: Journal of Business Research, Vol. 58, S. 369–376.

Alpert, J.I./Alpert, M.I. (1991): Contributions from a Musical Perspective on Advertising and Consumer Behavior, in: Advances in Consumer Research, Vol. 18, S. 232–238.

Alpert, C.T./Alpert, M.I. (1988): Background music as an influence in consumer mood and advertising responses, in: Advances in Consumer Research, Vol. 16, S. 485–491.

Areni, C.S./Kim, D. (1993): The influence of background music on shopping behavior: Classical versus top-forty music in a wine-store, in: McAlister, L./Rothschild, M.L. (Hrsg.): Advances in Consumer Research, Provo, UT (20), S. 336–340.

Argo, J.J./Popa, M./Smith, M.C. (2010): The Sound of Brands, in: Journal of Marketing, Vol. 74, July 2010, S. 97–109.

Biehal, G./Stephens, D./Curlo, E. (1992): Attitude toward the ad and brand choice, in: Journal of Advertising, Vol. 21, Nr. 3, S. 19–36.

Bruner, G.C. (1990): Music, Mood and Marketing, in: Journal of Marketing, Vol. 54 (No. 4), S. 94–104.

Caldwell, C./Hibbert, S.A. (1999): Play That One Again: The Effect of Music Tempo on Consumer Behaviour in a Restaurant, in: European Advances in Consumer Research, Vol.4, S. 58–62.

Chebat, J./Chebat, C.G./Vaillant, D. (2001): Environmental background music and in-store selling, in: Journal of Business Research, Vol. 54, S. 115–123.

Craton, L.G./Lantos, G.P. (2011): Attitude toward the advertising music: an overlooked potenzial pitfall in commercials, in: Journal of Consumer Marketing, Vol. 28, Nr. 6, S. 396–411.

Doyle, J.R./Bottomley, P.A. (2011): Mixed Messages in Brand Names: Separating the Impacts of Letter Shape from Sound Symbolism, in: Psychology & Marketing, Vol. 28, Nr. 7, S. 749–762.

Flath, B. (2012): Sound und Image. Eine experimentelle Untersuchung zum Einfluss von Klangqualitäten auf die Wahrnehmung eines Produktimages im Kontext von Fernsehwerbung, Osnabrück: Epos.

Flückiger, B. (2001): Sound Design. Die virtuelle Klangwelt des Films, Marburg: Schüren.

Föll, K. (2007): Consumer Insight. Emotionspsychologische Fundierung und praktische Anleitung zur Kommunikationsentwicklung, Wiesbaden: DUV.

Galan, J.-P. (2009): Music and Responses to Advertising: The Effects of Musical Characteristics, Likeability and Congruency, in: Recherche et Applications en Marketing, Vol. 24, Nr. 4, S. 3–22.

Gaver, W.W. (1988): Everyday listening and auditory icons, Dissertation, San Diego: University of California.

Gorn, G.J. (1982): The Effects of Music in Advertising on Choice Behaviour: A Classical Conditioning Approach, in: Journal of Marketing, Vol. 46, Nr. 1, S. 94–101.

Haverkamp, M. (2001): Synästhetische Wahrnehmung und Geräuschdesign, in: Becker, K. (Hrsg.): Subjektive Fahreindrücke sichtbar machen II. Haus der Technik Fachbuch 12, Renningen-Malmsheim: Expert.

Helms, S. (1981): Musik in der Werbung, in: Materialien zur Didaktik und Methodik des Musikunterrichts, Bd. 10, Wiesbaden: Breitkopf & Härtel.

Herrington, J.D./Capella, L.M. (1996): Effects of music in service environments – a field study, in: Journal of Services Marketing, Vol. 10, Nr. 2, S. 26–41.

Hevner, K. (1936): Experimental Studies of the Elements of Expression in Music, in: The American Journal of Psychology, Vol. 48 (April), S. 246–268.

Hinton, L./Nichols, J./Ohala, J. (1994): Introduction: Sound-symbolic processes, in: Hinton, L./Nichols, J./Ohala, J. (Hrsg.): Sound symbolism, Cambridge: University Press, S. 1–12.

Hui, M.K./Dube, L./Chebat, J.-C. (1997): The Impact of Music on Consumers' Reactions to Waiting for Services, in: Journal of Retailing, Vol. 73, Nr. 1, S. 87–104.

Kellaris, J.J./Mantel, S.P. (1996): Shaping Time Perceptions with Background Music: The Effect of Congruity and Arousal on Estimates of Ad Durations, in: Psychology & Marketing, Vol. 13, Nr. 5, S. 501–515.

Kellaris, J.J./Kent, R.J. (1994): An Exploratory Investigation of Responses Elicited by Music Varying in Tempo, Tonality, and Texture, in: Journal of Consumer Psychology, Vol.2, Nr. 4, S. 381–401.

Kellaris, J.J./Cox, A.D./Cox, D. (1993): The Effect of Background Music on Ad Processing: A Contingency Explanation, in: Journal of Marketing, Vol. 57, Nr. 4, S. 114–125.

Kellaris, J.J./Rice, R.C. (1993): The Influence of Tempo, Loudness, and Gender of Listener on Responses to Music, in: Psychology & Marketing, Vol. 10, Nr. 1, S. 15–29.

Kellaris, J.J./Kent, R.J. (1991): Exploring Tempo and Modality Effects, on Consumer Responses to Music, in: Advances in Consumer Research, Vol. 18, S. 243–248.

Kesseler, H. (2004): Didaktische Strategien beim Wissenstransfer im Spannungsfeld von bildungsdidaktischen und kommunikationswissenschaftlichen Ansprüchen, München: Univ., Diss.

Klink, R.R. (2001): Creating Meaningful New Brand Names: A Study of Semantics and Sound Symbolism, in: Journal of Marketing Theory & Practice, Vol. 9, Nr. 2, S. 27–34.

Kroeber-Riel, W./Weinberg, P./Gröppel-Klein, A. (2009): Konsumentenverhalten, 9. Aufl., München: Vahlen.

Langeslag, P./Schwieger, J./Sinn, M. (2013): The influence of sound design in videogames on brand awareness: An acoustic branding study for MLP and the audio consulting group, in: Bronner, K./Hirt, R./Ringe, C. (Hrsg.): Audio Branding Academy Yearbook 2012/2013, Baden-Baden: Nomos, S. 199–208.

Lantos, G.P./Craton, L.G. (2012): A model of consumer response to advertising music, in: Journal of Consumer Marketing, Vol. 29, Nr. 1, S. 22–42.

Lavack, A.M./Thakor, M.V./Bottausci, I. (2008): Music-brand congruency in high- and low-cognition radio advertising, in: International Journal of Advertising, Vol. 27, Nr. 4, S. 549–568.

Linxweiler, R. (2004): Marken-Design: Marken entwickeln, Markenstrategien erfolgreich umsetzen, 2. Aufl., Wiesbaden: Gabler.

MacKenzie, S.B./Lutz, R.J./Belch, G. (1986): The Role of Attitude Toward the Ad as a Mediator of Advertising Effectiveness: A Test of Competing Explanations, in: Journal of Marketing Research, Vol. 23, Nr. 2, S. 130–143.

Milliman, R.E. (1986): The influence of background music on the behavior of restaurant patrons, in: Journal of Consumer Research, Vol. 13, Nr. 2, S. 286–289.

Milliman, R.E. (1982): Using background music to affect the behavior of supermarket shoppers, in: Journal of Marketing, Vol. 46, Nr. 3, S. 86–91.

Moosmayer, D. C./Melan, M. (2010): The Impact of Sound Logos on Consumer Brand Evaluation, Working Paper, University of Nottingham Business School China.

Moreno, R./Mayer, R. E. (1999): Cognitive principles of multimed ia learning: The role of modality and contiguity, in: Journal of Educational Psychology, 91 (2), S. 358–368.

Möser, M. (2009): Technische Akustik, 8. Aufl., Berlin/Heidelberg: Springer.

North, A.C./Hargreaves, D.J. (2008): The Social and Applied Psychology of Music, Oxford: Oxford University Press.

North, A.C./Hargreaves, D.J./McKendrick, J. (1999): The Influence of In-Store Music on Wine selections, in: Journal of Applied Psychology, Vol. 84, Nr. 2, S. 271–276.

North, A.C./Hargreaves, D.J. (1998): The effect of music on atmosphere and purchase intentions in a cafeteria, in: Journal of Applied Psychology, Vol. 28, Nr. 4, S. 2254–2273.

North, A.C./Hargreaves, D.J. (1996): The effects of music on responses to a dining area, in: Journal of Environmental Psychology, Vol. 16, S. 55–64, (zit. 1996).

Park, C.W./Young, S.M. (1986): Consumer Response to Television Commercials: The impact of involvement and background music on brand attitude formation, in: Journal of Marketing Research, Vol. 23, February, S. 11–24.

Peevers, G./McInnes, F./Morton, H./Matthews, A./Jack, M.A. (2009): The mediating effects of brand music and waiting time updates on customers' satisfaction with a telephone service when put on-hold, in: International Journal of Bank Marketing, Vol. 27, Nr. 3, S. 202–217.

Rigg, M.G. (1940): Speed as a Determiner of Musical Mood, in: Journal of Experimental Psychology, Vol. 27, S. 566–571.

Roederer, J.G. (2000): Physikalische und psychoakustische Grundlagen der Musik, 3. Aufl., Berlin et al.: Springer.

Roth, S. (2005): Akustische Reize als Instrument der Markenkommunikation, Wiesbaden: Gabler.

Salzmann, R. (2007): Multimodale Erlebnisvermittlung am Point of Sale: Eine verhaltens-wissenschaftliche Analyse unter besonderer Berücksichtigung der Wirkungen von Musik und Duft, Wiesbaden: Gabler.

Schramm, H./Kopiez, R. (2011): Die alltägliche Nutzung von Musik, in: Bruhn, H./Kopiez, R./Lehmann, A.C. (Hrsg.): Musikpsychologie. Das neue Handbuch, 3. Aufl., Reinbek bei Hamburg: Rowohlt, S. 253–265.

Sharma, A./Stafford, T.F. (2000): The Effect of Retail Atmospherics on Customer's Perceptions of Salespeople and Customer Persuasion: An Empirical Investigation, in: Journal of Business Research, Vol.49, Nr.2, S. 183–191.

Shen, Y.-C./Chen, T.-C. (2006): When east meets west: the effect of cultural tone congruity in ad music and message on consumer ad memory and attitude, in: International Journal of Advertising, Vol. 25, Nr. 1, S. 51–70.

Smith, P./Curnow, R. (1966): Arousal Hypothesis and the Effects of Music on Purchasing Behavior, in: Journal of Applied Psychology, Vol. 50, Nr. 3, S. 255–256.

Spence, C. (2012): Managing sensory expectations concerning products and brands: capitalizing on the potenzial of sound and shape symbolism, in: Journal of Consumer Psychology, Vol. 22, Nr. 1, S. 37–54.

Spitzer, M. (2002): Musik im Kopf, Stuttgart: Schattauer.

Springer, C. (2008): Multisensuale Markenführung: eine Analyse unter besonderer Berücksichtigung von Brand Lands in der Automobilwirtschaft, Wiesbaden: Gabler.

Stoffer, T. (2011): Kurze Geschichte der Musikpsychologie, in: Bruhn, H./ Kopiez, R./Lehmann, A.C. (Hrsg.): Musikpsychologie. Das neue Handbuch, 3. Aufl., Reinbek bei Hamburg: Rowohlt, S. 655–664.

Wilson, S. (2003): The effect of music on perceived atmosphere and purchase intentions in a restaurant, in: Psychology of Music, Vol. 31, Nr. 1, S. 93–112.

Zander, M. F. (2006): Musical influences in advertising: how music modifies first impressions of product endorsers and brands, in: Psychology of Music, Vol. 34, Nr. 4, S. 465–480.

3

Theoretische Grundlagen zur akustischen Gestaltung von Sound Websites

Was Sie aus diesem Kapitel mitnehmen

- Die unterschiedliche Wirkungsweise von Websites.
- Die Erfolgsfaktoren der Gestaltung von Websites.
- Den Unterschied zwischen Markenidentität und Markenimage.
- Wie akustische Markenelemente strategisch entwickelt werden.
- Wie akustische Markenelemente von der Markenidentität abgeleitet werden.
- Grenzen und Risiken von Sound Marketing.

3.1 Empirische Erkenntnisse zur Wirkung von Websites

Nach umweltpsychologischen Erkenntnissen sollte eine Marken-Website aktivierend wirken (Erregung), angenehme Erlebnisse vermitteln (Lust) und dem Online-Besucher das Gefühl transportieren, die Kontrolle (Orientierung) zu behalten (Dominanz). Um diese Wirkungen bei den Online-Besuchern zu erzielen, empfiehlt sich eine

© Der/die Autor(en), exklusiv lizenziert an Springer Fachmedien Wiesbaden GmbH, ein Teil von Springer Nature 2023
P. Steiner, *Quick Guide Sound Websites*, Quick Guide,
https://doi.org/10.1007/978-3-658-43220-1_3

reizstarke und informationsreiche Gestaltung der Website. Die Anzahl der dargebotenen Stimuli bestimmt dabei die sogenannte Informationsrate der Umwelt.

Eine Erhöhung der Informationsrate kann u. a. durch anregende visuelle und/oder akustische Stimuli erzielt werden, wobei Aspekte der Neuartigkeit, Vielfalt, Abwechslung und Harmonie zu berücksichtigen sind. Da das subjektiv empfundene Aktivierungsniveau mit der Höhe der Informationsrate steigt, ist eine Steigerung der Informationsrate nicht unbegrenzt empfehlenswert. Überschreitet die Aktivierung einen bestimmten Punkt, so hat dies negative Auswirkungen auf die Leistung des Menschen, wie beispielsweise auf kognitive Prozesse (Wahrnehmung, Entscheidung, Lernen, Gedächtnis).

Internetauftritte sollen dem Online-Besucher nicht nur zur Informationsvermittlung dienen, sondern auch ein (interaktives) emotionales Erlebnis bieten. In diesem Zusammenhang nimmt der Unterhaltungswert auf Websites für Online-Besucher einen großen Stellenwert ein. Häufig ist die gefällige und unterhaltsame Aufmachung der Kommunikationsbotschaft entscheidend für den Erfolg. Sofern eine Marken-Website Unterhaltungsnutzen in einem ausreichenden Maß bietet und ein positives Nutzungserlebnis schafft, sollten sich positive Effekte auf die Verarbeitungstiefe von markenrelevanten Informationen einstellen.

Gierl und Bambauer (2007) haben in ihrer Studie ausgewählte Website-Elemente auf die Einstellung der Website-Besucher zur Website untersucht. Wie die Ergebnisse zeigen, übertragen Website-Besucher ihre Einstellung zur Website auf die dort beworbene Fahrzeugmarke. Zudem haben positiv (negativ) bewertete Website-Elemente positive (negative) Wirkungen auf die Einstellung zur Website. Dies wirkt sich indirekt auch positiv (negativ) auf die Einstellung zur auf der Website beworbenen Marke aus.

Chang et al. (2003) postulieren, dass gut gestaltete Webdesign-Elemente (u. a. Typografie) Eigenschaften der Markenpersönlichkeit transportieren können, die u. a. das Markenimage verbessern.

Müller und Chandon (2003) haben einen bedeutenden Einfluss der Einstellung zur Marken-Website auf die Markenpersönlichkeit nachgewiesen. So wurden die untersuchten Marken jünger und moderner wahrgenommen, sofern der Proband eine positive Einstellung zur Marken-Website hatte. Zudem konnten Müller und Chandon (2004) nachweisen, dass sich die Einstellung zur Marken-Website mit den folgenden vier Faktoren verbesserte: „site's informativeness", „entertainment value", „quality of organization" und „degree of fit" zwischen dem Image der Website und der Marke.

Kiss (2005) hat die Effekte des Interaktivitätsgrads von Marken-Websites auf die Imageryprozesse, auf die inneren Markenbilder sowie auf die Flow-Erlebnisse der Besucher untersucht. Die Ergebnisse zeigen, dass die interaktive Auseinandersetzung mit einer Marken-Website zu positiven Effekten auf die Gedächtnisleistungen, inneren Vorstellungsbilder, Flow-Erlebnisse, Einstellungen und Verhaltensabsichten der Besucher führt.

Voorveld et al. (2009) unterscheiden personenbezogene Faktoren und websitebezogene Faktoren. Während das Involvement, die wahrgenommene Interaktivität der Website und die vom Probanden gefühlte Stärke des Flow-Zustandes zu den personenbezogenen Faktoren zählen, die eindeutig Einfluss auf das kognitive und affektive Konsumentenverhalten auf Websites nehmen, konnten diesbezüglich vier websitebezogene Faktoren identifiziert werden: Interaktivität, Benutzerfreundlichkeit, Art der Modalität und „degree of fit" zwischen dem Markenimage und der Website.

Heimbach (2001) konnte nachweisen, dass bei Websites mit hoher Interaktivität die Aufenthaltsdauer steigt. Die Ergebnisse der empirischen Untersuchung von Jee und Lee (2002) zu interaktiven Websites zeigen, dass eine starke Beziehung zwischen dem wahrgenommenen Interaktivitätsgrad und der Einstellung gegenüber der Website vorherrscht. Zudem konnte Macias (2003) herausfinden, dass sich Interaktivität positiv auf die Wahrnehmung und Bewertung von Produkten und Marken auswirkt. Nach Lee und Kozar (2012) beeinflusst die Interaktivität die Kaufabsicht signifikant.

Yates und Noyes (2007) haben herausgefunden, dass „context-based"-Website Design (animiert, überwiegend interaktive Gestaltungselemente) sowohl die Zufriedenheit mit der Website, als auch die Bereitschaft zur Website zurückzukehren, signifikant positiver beeinflusst als „content-based"-Design von Websites (unanimiert, überwiegend textliche Elemente). Nach Danaher et al. (2006) führt eine zunehmende Menge von Text und Werbeinhalt auf Websites allgemein zu einer kürzeren Verweildauer.

Die Ergebnisse der Studie von Lindgaard et al. (2006) zeigen, dass sich Menschen beim erstmaligen Betrachten der Homepage innerhalb von nur 50 Millisekunden eine Meinung über die visuelle Anmutungsqualität des Internetauftritts bilden. Gorn et al. (2004) haben herausgefunden, dass die verwendete Farbe des Hintergrunds der Website nicht nur Einfluss auf die wahrgenommene Downloadgeschwindigkeit hat, sondern auch auf die Bewertung der Website durch die User und die Wahrscheinlichkeit ihrer Weiterempfehlung.

Müller et al. (2008) konnten empirisch belegen, dass je eher Website-Besucher mit dem gesamten Website-Erlebnis zufrieden sind, desto eher sind sie geneigt, diese Website wieder zu besuchen und weiterzuempfehlen, als auch eine positive Meinung gegenüber der repräsentierten Marke und letztlich auch Kaufabsichten zu entwickeln. Zudem konnten Dahlen et al. (2003) empirisch nachweisen, dass ein positiver Zusammenhang zwischen der Einstellung zur Marke und der Länge des Aufenthalts auf der Marken-Website besteht.

Die Ergebnisse der Arbeit von Mau (2009) zeigen, dass die während des Online-Shop-Besuchs erlebten Emotionen nicht nur die Zufriedenheit der Besucher beeinflusst, sondern auch die Einstellung zum Online-Shop. Zudem wirken sich Emotionen auf Intentionen zu zukünftigem Verhalten aus. So führen in der Regel positive Emotionen zu einer stärkeren Intention, den Online-Shop wieder aufzusuchen oder ihn weiterzuempfehlen.

3.2 Erfolgsfaktoren der Gestaltung von Websites

Die reifenden Technologien erweitern stets den Spielraum für die Gestaltung von Websites. So sorgen u. a. Roll-Over Menüs, Mouse-Over-Effekte und animierte Intro-Seiten für eine Benutzer- und Bedienfreundlichkeit, die vor einigen Jahren noch undenkbar gewesen wäre. So bietet eine interaktive Website die Möglichkeit, das Erinnerungsvermögen und Involvement der Online-Besucher zu verbessern bzw. zu erhöhen. Akustische Websites, die im WWW noch selten anzutreffen sind, gewinnen für Unternehmen zunehmend an Bedeutung.

Die unterschiedlichen Gestaltungsmerkmale eines Internetauftritts können zu fünf grundlegenden Erfolgsfaktoren zusammengefasst werden, die letztlich das Annäherungsverhalten mit den entsprechenden Verhaltenskonsequenzen (u. a. Wiederbesuchsabsicht) beeinflussen.

- Design
- Funktionalität
- Benutzerfreundlichkeit
- Informationswert
- Unterhaltungswert

Design ist ein wichtiger Schlüsselfaktor zur Differenzierung und Profilierung von Marken, insbesondere wegen des psychologisch-emotionalen Mehrwerts, den es verleihen kann. So können visuelle und akustische Gestaltungselemente auf Websites für die Wiedererkennung der Marke sorgen. Hierbei ist zu berücksichtigen, dass die Verwendung bereits bekannter Markenelemente und -symboliken wertvolle Synergie-effekte schafft und ein konsistentes Markenerlebnis ermöglicht. Idealerweise verschmelzen die Online- und die Offline-Präsenz der Marke zu einer Einheit und lassen keinesfalls den Eindruck zweier parallel existierender Markenformen entstehen.

Im Bereich der Funktionalität einer Website kommt dem Navigationsdesign eine große Bedeutung zu. Hierbei ist zwischen „Pflicht" und „Kür" zu unterscheiden. Während z. B. im Automobilsektor ein Car-Konfigurator auf der Website Standard ist („Pflicht"), stehen die Kür-Funktionen stellvertretend für zahlreiche Möglichkeiten, die zu einem Alleinstellungsmerkmal („USP") der Website beitragen. Grundsätzlich sollten alle Funktionalitäten der Website die Interaktion zwischen der Marke und dem Produkt bzw. Unternehmen erleichtern.

Auch die Benutzerfreundlichkeit („Usability") einer Website muss gewährleistet sein, denn schlechte Benutzer- und Bedienfreundlichkeit kann sich auf die Markenwahrnehmung übertragen. In diesem Zusammenhang gehen Experten davon aus, dass akustisch gestaltete Websites eine Herausforderung und Chance zugleich darstellen.

Klangelemente können u. a. eingesetzt werden, um die Usability von Websites zu verbessern. Die Inhalte werden unterhaltsamer, besser bedienbar und ziehen den Nutzer auf die Website. Zu viele akustische Elemente können jedoch ablenkend und störend wirken, insbesondere dann, wenn sie sich wiederholen und unerwartet zum Einsatz kommen. Jedenfalls gilt es die akustische Gestaltung der Marken-Website so zu realisieren, dass negative Effekte auf die Reaktionen des jeweiligen Online-Besuchers vermieden werden. Demnach muss der Rezipient bei akustisch gestalteten Websites immer die Möglichkeit haben, den Klang zu deaktivieren.

Letztlich zählen zu den Erfolgsfaktoren einer Website auch der vermittelte Informations- und Unterhaltungswert (u. a. Texte, Bilder, Töne, Videos etc.). Dabei sollte die kognitive Belastung reduziert und damit die Informationsaufnahme erleichtert werden.

Da sich die medienspezifischen Aufgabenstellungen und Funktionsweisen der Marke in den digitalen Medien ändern, gewinnt die medienadäquate Umsetzung der Markenidentität an Bedeutung. Durch den Einsatz von (akustischen) identitätsstiftenden Gestaltungselementen im Rahmen des webbasierten Markenauftritts wird zusätzlich Potenzial für die Identifikation mit einer Marke bzw. mit einem Unternehmen eröffnet. Der Verzicht auf identitätsstiftende Gestaltungselemente im Internet würde dazu führen, dass es für Marken selbst durch ansprechende Textgestaltung nahezu unmöglich wäre, sich von anderen webbasierten Markenauftritten abzugrenzen und eine markenadäquate Umsetzung zu garantieren. Idealerweise bestehen Marken-Websites aus unterschiedlichen Kennzeichen bzw. Symbolen, die alle die Identität der Marke repräsentieren. Das hat auch Gültigkeit für den akustischen Sinneskanal.

3.3 Markenidentität als Fundament der Marke

Die Vertreter des identitätsbasierten Ansatzes gehen davon aus, dass Marken über ihre Identität geführt werden können. Die Markenidentität (Brand Identity), die auf der sozialwissenschaftlichen Identitätsforschung basiert, bildet die Wurzel der Marke bzw. die Substanz jeder Marke. Die Markenidentität stellt eine „in sich widerspruchsfreie, geschlossene Ganzheit von Merkmalen einer Marke dar, die diese von anderen Marken dauerhaft unterscheidet. Die Markenidentität entsteht erst in der wechselseitigen Beziehung zwischen internen und externen Bezugsgruppen der Marke und bringt die spezifische Persönlichkeit einer Marke zum Ausdruck" (Meffert und Burmann 2002).

Die Markenidentität umfasst ein einzigartiges Bündel von Markenassoziationen, die bei den Konsumenten als Wissensstrukturen zur Marke aufgebaut bzw. bewahrt werden sollen. Da die Markenidentität als Voraussetzung für die Entstehung eines ökonomischen Markenwertes gilt und für nachhaltige Differenzierung sorgt, sollte sie Ausgangspunkt aller strategischen und operativen Markenentscheidungen sein.

Die Markenidentität bestimmt mit Ihren Werten und ihrer Persönlichkeit die Tonalität, die Ausrichtung sowie die Steuerung des Marketingmix und gibt somit die Leitplanken für markenkonformes Handeln und die wirksame Umsetzung der Marke in kommunikative Maßnahmen vor. Die Marke wird mit (Soll)Attributen aufgeladen, die eine langfristige und konsistente Wahrnehmung gewährleisten. Die einzelnen Komponenten müssen die Markenwerte konsequent vertreten, um so ein gesamtheitliches Markenbild zu erzeugen. Durch die Kommunikation, die für die Umsetzung der Markenidentität eine entscheidende Rolle spielt, erhält die Marke schließlich ein Gesicht. Aufgabe der Markenidentität ist es, die notwendige Differenzierung über Inhalte, Idee, Eigenschaften und Visionen einer Marke herbeizuführen.

Nach Schmidt (2007) wird die Identität einer Marke über sechs Dimensionen vermittelt und wahrgenommen: Kultur, Verhalten, Produkte und Dienstleistungen, Märkte und Kunden, Design sowie Kommunikation. Im Mittelpunkt der Markenidentität steht der

Markenkern, der den ultimativen Nutzen umfasst, den die Marke stiftet. Idealerweise besteht der Markenkern aus einer Emotion, die die Summe des Markenerlebnisses darstellt, glaubwürdig ist und alle anzusprechenden Milieus vereint. Dieser ultimative Nutzen wird erst durch die Verbindung mit den Markenwerten markenspezifisch, deren Kombination für die Einzigartigkeit einer Markenidentität verantwortlich ist. Um die Marke ganzheitlich zu erfassen, erweitern relevante Facetten der Marke den Markenkern und die Markenwerte.

Die Markenidentität lässt sich in Produkt- bzw. Dienstleistungsmarkenidentität und Unternehmensmarkenidentität (Corporate Brand Identity) unterscheiden. Bei letzterer werden alle Produkte und/oder Dienstleistungen eines Unternehmens unter einer Marke (Unternehmensmarke) angeboten („Branded House" z. B. Siemens AG), die hierbei als Dachmarke dient. Bietet ein Unternehmen mehrere unabhängige Marken an, so besitzen diese idealerweise jeweils eine eigene Markenidentität („House of Brands", z. B. BMW Group).

Die Produkte eines Unternehmens sind neben der Marke die wesentlichen Botschaftsträger. Unternehmen mit eigenständigen Produktmarken sehen sich mit dem Problem konfrontiert, dass im Zuge der Innovation mit jeder neuen Marke eine neue Identität für den Markt geschaffen wird, die sich in ein bestimmtes Verhältnis zur Unternehmens-identität setzt. Dabei ergibt sich stets neu das Problem der Programmintegration. Product Identity, Brand Identity und Corporate Identity streben umso stärker auseinander, je branchenferner die neuen Produkte sind und je stärker ihre eigene Markenidentität ausgeprägt werden muss.

Zum Aufbau einer starken Markenidentität bedarf es der Berücksichtigung folgender Aspekte: Individualität, Wechselseitigkeit, Konsistenz und Kontinuität. Die Identitätsdimensionen Markenerscheinungsbild (Brand Design), Markenverhalten (Brand Behaviour) und Markenkommunikation (Brand Communications) bilden dabei die Basis, auf der sich die ganzheitliche Gestaltung der Merkmale einer Markenidentität vollzieht. Es ist vor allem die Art und Weise des Zusammenspiels zwischen den verschiedenen Identitätsdimensionen, die von herausragender Bedeutung ist.

Im Gegensatz zur Markenidentität, die das Selbstbild der Marke widerspiegelt, ist Markenimage das Fremdbild der Marke. Das Markenimage ist das Resultat des unternehmensexternen Marktwirkungskonzeptes, also die Wahrnehmung und Interpretation der vom Anbieter vermittelten Identität im Kopf der Konsumenten. Ein einzigartiges und unverwechselbares Markenimage kann dazu beitragen, die eigene Leistung deutlich von der Konkurrenz zu differenzieren und einen Wettbewerbsvorteil zu generieren. Der Aufbau eines identitätskonformen Markenimages bei den Zielgruppen gilt als zukünftige Herausforderung der identitätsorientierten Markenführung.

Dem Markenimage liegt die Prämisse zugrunde, dass Markenprodukte neben einer rein physikalischen Natur auch soziale und psychologische Aspekte aufweisen und für das Kauf- und Markenwahlverhalten von großer Bedeutung sind. Teilweise wird der Begriff „Markenimage" mit den Termini „Einstellung" und „Markenwert" synonym verwendet. Die vorliegende Arbeit folgt der Definition von Ringle (2006), die das Markenimage wie folgt definiert: „Das Markenimage wird als Wahrnehmung und Bevorzugung einer Marke auf der Basis verschiedener gespeicherter Markenassoziationen definiert, die zusammen das Kaufverhalten des Individuums prägen. Somit ist das Markenimage das Vorstellungsbild einer Person bzw. Personengruppe von einer konkreten Marke."

Der Definition zufolge wird das Image weniger von der Marke ausgelöst, sondern vielmehr durch die Konsumenten, bei denen ein subjektives Bild von der Marke als „Meinungsgegenstand" entsteht. Das Markenimage gilt als Akzeptanzkonzept des Verbrauchers. Es ist abzugrenzen vom Produkt- und Produktgruppenimage sowie vom Unternehmens- und Branchenimage, obwohl interaktive Wechselwirkungen zwischen diesen Imagearten bestehen.

Da eine Abgrenzung der Marke über rein sachliche Produkteigenschaften unter den heutigen Marktbedingungen kaum noch möglich ist, muss eine Präferenzbildung durch die Vermittlung eines emotionalen Zusatznutzens erfolgen. So wird das Markenimage bei starken Marken häufig durch emotionale Eindrücke und Bilder geprägt und kann u. a. durch die Art der Assoziationen (emotional oder kognitiv), die Stärke der mit einer Marke verbundenen Assoziationen und die verbale oder nonverbale Repräsentation der Assoziationen beschrieben werden. Weitere Merkmale des Images sind die Relevanz, die Richtung sowie die Zugriffsfähigkeit der Assoziationen.

Das Markenimage ist in der Öffentlichkeit mit klaren Attributen hinterlegt, die jedoch von Land zu Land verschieden ausgeprägt sind. Die unterschiedlichen kulturellen Umfelder, die eine Marke beeinflussen, führen zu nationalen Unterschieden des Markenimages. Als Einflussfaktoren sind neben der Historie der Marke, unterschiedliche Kommunikationsformen in den Ländern, voneinander abweichende Produktportfolios, unterschiedliche preisliche Positionierungen, staatliche Regulierungen und ein unterschiedliches Käuferverhalten und folglich ein unterschiedlich ausgeprägter Kundenkreis zu nennen.

Grundsätzlich ist auf eine weitgehende Übereinstimmung von Markenidentität (Selbstbild der Marke) und Markenimage (Fremdbild der Marke) und somit die Klarheit des Markenbildes aus der Sicht der Zielgruppe zu achten. Herrscht Deckungsgleichheit zwischen Markenimage und Markenidentität vor, so bedeutet dies optimale Markenstärke.

Das Markenimage entsteht durch Lernprozesse bei den Anspruchsgruppen und entwickelt sich somit nach und nach durch Erfahrungen der Individuen mit einem bestimmten Objekt. Hat sich ein Image der Marke in den Köpfen der Konsumenten festgesetzt, so handelt es sich dabei um ein längerfristig angelegtes, nur schwer veränderbares stabiles Vorstellungsbild. Es lässt sich jedoch auf lange Sicht modifizieren. Je mehr objektive Beurteilungskriterien fehlen, desto stärker wird Image zum entscheidenden Faktor für eine Kaufentscheidung. Image vermittelt Orientierungssicherheit in Situationen unvollständigen Wissens, wird zum Ersatzwissen für soziale Orientierung. Im Beispiel zur Blind- und Offenverkostung von Diet Coke und Diet Pepsi wird eindrucksvoll verdeutlicht, dass für die Produktwahl nicht der Geschmack entscheidend war, sondern die emotional aufgeladene Marke.

Letztlich bildet die Markenpräferenz, die durch das Markenimage geschaffen worden ist, die Grundlage für das akquisitorische Potenzial der Marke. Erfüllt das Produkt die Erwartungen des Konsumenten, so kann daraus Markenloyalität und Markenbindung resultieren. Eine wichtige Rolle zwischen Markenbekanntheit und Markenimage nimmt

die Markensympathie ein, wobei das Markenvertrauen, die Marken-
zufriedenheit, die Markenloyalität sowie die Markenbindung als
zentrale qualitative Zielgrößen angesehen werden.

3.4 Strategische Entwicklung von akustischen Markenelementen

Bei der Entwicklung von akustischen Markenelementen handelt es
sich nicht um eine Trenderscheinung, sondern um einen Prozess, der
sich über die Jahrhunderte entwickelt hat. Grundsätzlich unterscheidet
man Markenklang, Produktklang und Funktionsklang. Während
Markenklänge (z. B. das Sound Logo von Intel) einen funktionalen
Nutzen besitzen, haben Funktionsklänge (z. B. Statusanzeigen
über den Zustand eines medizinischen Gerätes) das Potenzial einen
kommunikativen Nutzen für eine Marke zu entwickeln. Im Gegensatz
zu reinen Funktionsklängen, die verhältnismäßig eindeutig definier-
bare Informationen übertragen sollen, muss bei der Entwicklung eines
Markenklanges zusätzlich die Integration von Anteilen des akustischen
Markenbildes gewährleistet werden. Der Produktklang bezeichnet den
meist mechanisch bedingten Klang von Produkten, der auch bewusst
gestaltet werden kann.

Die Grundlage für den akustischen Markenklang bildet die
akustische Markenidentität, die als Basis für die Ableitung ver-
schiedener akustischer Markenelemente dient. Dazu werden akustischen
Gestaltungsparameter wie Lautstärke, Klangfarbe, Harmonie und
Rhythmus definiert, um die Identität der Marke mit Tönen bzw.
Klängen und/oder Geräuschen akustisch hörbar zu machen.

Schließlich ist darauf zu achten, dass die geplanten akustischen
Markenelemente sowohl die Markenidentität akustisch widerspiegeln
(„Marken-Fit"), als auch prägnant sind, sich klanglich vom Wettbewerb
differenzieren, von der Zielgruppe wiedererkannt werden und in ihrer
Gestalt flexibel sind, um im Verlauf der Zeit notwendige Anpassungen
des Markenklangs vornehmen zu können.

Ziel der akustischen Markenführung ist es, in allen hörbaren Kanälen assoziative Anker für die Wiedererkennung zu hinterlassen. Dadurch wird ein zusätzliches Identifikationsmerkmal sowohl für die interne als auch externe Zielgruppe der Marke geschaffen und somit ein Beitrag zur Stärkung von Markenbekanntheit und Markenimage geleistet bei gleichzeitiger Differenzierung vom Wettbewerb. Aktuell finden sich quer durch alle Branchen Beispiele bekannter Marken, die akustische Markenelemente einsetzen, wie u. a. Intel, Samsung, Lufthansa, McDonald's, BMW, Audi und die Deutsche Telekom.

Das Konzept der akustischen Markenführung, dem die identitätsbasierte Markenführung als Basis dient, umfasst einen strukturierten objektivierten mittel- bis langfristigen Prozess zur akustischen Übersetzung der Identität einer Marke. Im Rahmen dieses Prozesses soll (mithilfe von Musikern bzw. einer spezialisierten Sound Branding-Agentur) ein konsistenter akustischer Markenauftritt entwickelt werden, der unterschiedliche Ausprägungsformen akustischer Markenelemente beinhalten kann. Der Managementprozess des Konzeptes der akustischen Markenführung besteht idealerweise aus mehreren Phasen, die in Abb. 3.1 dargestellt sind und im Folgenden erläutert werden.

Grundsätzlich empfiehlt sich eine frühe Einbindung der Musiker bzw. der Sound Branding-Agentur in den Prozess. Die Auswahl erfolgt dabei durch die Fachabteilung bzw. durch einen Experten und üblicher-

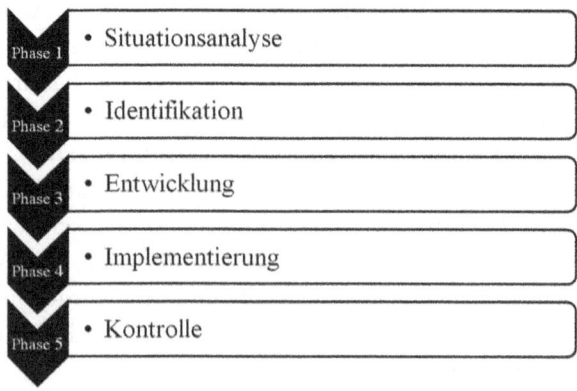

Abb. 3.1 Managementprozess des Konzeptes der akustischen Markenführung

weise im Rahmen eines „Agenturpitches", dem ein Briefing und ggf. ein Workshop vorausgehen. Der Workshop dient dazu, um der Sound Branding-Agentur bzw. dem Musiker/den Musikern die Marke, insbesondere die Markenidentität, näher zu bringen.

Als Ausgangsbasis der strategischen Entwicklung einer akustischen Markenidentität dient eine Situationsanalyse, die eine Wettbewerbs-, Selbst-, Zielgruppen- und Kundenkontaktpunktanalyse umfasst. Die Wettbewerbsanalyse gibt Auskunft über die strategischen und akustischen Positionierungen der konkurrierenden Marken und folglich über das Potenzial der akustischen Differenzierung zum Wettbewerb. Ziel ist es aus der Gegenüberstellung von Ist-Identität und Ist-Image die Soll-Identität der Marke abzuleiten und konsistent sowie kontinuierlich zu positionieren. Da sich das Konzept der akustischen Markenführung primär an der Markenidentität, insbesondere an den Markenwerten orientiert, ist zudem eine Selbstanalyse der Marke notwendig. Es bedarf auch einer Zielgruppenanalyse, wobei ein grob einzuhaltender musikalischer Rahmen ermittelt wird, der auch die akustischen Erwartungen hinsichtlich der Marke umfasst. Gegenstand der Kundenkontaktpunktanalyse sind sämtliche Berührungspunkte, sogenannte Brand Touch Points der relevanten Zielgruppe mit der (akustischen) Marke.

Im Rahmen der zweiten Phase – der Identifikationsphase – erfolgt die Festlegung von Rahmenvorgaben für die akustischen Gestaltungsparameter wie Lautstärke, Klangfarbe, Harmonie und Rhythmus. Ziel dieser Phase ist die Definition der akustischen Markenidentität, die auf Basis der Soll-Identität der Marke beruht. Zudem soll die Anzahl der daraus zu entwickelnden akustischen Markenelemente bestimmt werden.

Im dritten Prozessschritt erfolgt die operative Entwicklung des akustischen Markenauftritts. Hierbei ist u. a. darauf zu achten, dass die geplanten akustischen Markenelemente sowohl die Markenidentität akustisch widerspiegeln („Marken-Fit"), als auch prägnant sind.

Zudem müssen sich die akustischen Markenelemente klanglich vom Wettbewerb differenzieren, von der Zielgruppe wiedererkannt werden und in ihrer Gestalt flexibel sein, um im Verlauf der Zeit notwendige Anpassungen des Markenklangs vornehmen zu können. Die Erstellung von Brand Sound Guidelines, die der Festlegung von Nutzungsregeln für den stringenten Einsatz der akustischen Markenelemente dienen, rundet die dritte Phase ab.

Die vierte Phase stellt die Implementierung der entwickelten akustischen Markenelemente an den definierten Kundenkontaktpunkten dar. Letztere lassen sich grob in die drei Bereiche Medien-, Service- und Produktwelt einteilen. Während in der Medienwelt die akustische Marke dem Rezipienten medial vermittelt wird (u. a. mittels Fernsehen, Radio oder Internet), treffen in der Servicewelt (z. B. am POS) und in der Produktwelt (bei der Nutzung des Produkts) Konsument und Marke regelmäßig direkt aufeinander. Um eine wirksame akustische Markenkommunikation zu erzielen, bedarf es einer langfristigen Konditionierung des Rezipienten, dessen individuelles akustisches Markenerlebnis sich letztlich aus der Summe aller Markenberührungspunkte ergibt.

Die fünfte und letzte Phase umfasst eine regelmäßige Kontrolle („Monitoring") des korrekten Einsatzes der akustischen Markenelemente sowie zur Erreichung der definierten Zielvorgaben. Dazu sind die Zielgruppen über Marktforschungstools einzubinden, um eine idealerweise vorliegende Übereinstimmung der akustischen Markenidentität mit dem wahrgenommenen akustischen Markenimage bei der Zielgruppe zu überprüfen. Erforderliche Korrekturmaßnahmen des akustischen Markenauftritts werden durch eine ständige Rückkopplung mit den vorangegangenen Prozessschritten gesteuert. Schließlich ist die akustische Markenkommunikation in die allgemeine Markenkommunikation zu integrieren. Somit bildet sie eine Teilmenge aller Kommunikationsmaßnahmen der identitätsorientierten Markenführung.

Wenn von akustischen Markenelementen die Rede ist, denken die meisten nach wie vor primär an Jingles oder Sound Logos. Doch neben diesen beiden akustischen Markenelementen gibt es noch weitere Ausprägungsformen. Im Folgenden werden die unterschiedlichen akustischen Markenelemente, die sogenannten Brand Sounds, näher erläutert.

3.5   Ableitung akustischer Markenelemente von der Markenidentität

Unternehmen, die ihre Marke(n) akustisch führen möchten, bietet sich ein breites Spektrum an Brand Sounds, welches vom Sound Logo über Jingle, Brand Song, Brand Voice, Brand Music, Soundscape bis zum Sound Icon reicht. Grundsätzlich kann zwischen verbalen und nonverbalen akustischen Markenelementen unterschieden werden. Während die Brand Voice, der Brand Song und der Jingle verbale Informationen beinhalten und somit zu den verbalen Markenelementen zählen, gehören das Sound Logo, der Soundscape und das Sound Icon zu den nonverbalen akustischen Markenelementen. Brand Music kann sowohl verbal als auch nonverbal gestaltet sein. Letztlich haben die unterschiedlichen Sound Marketing-Elemente die gleiche Funktion, nämlich die Marke an allen Kontaktpunkten mit der Zielgruppe einheitlich akustisch zu repräsentieren und somit u. a. die Wiedererkennung der Marke zu steigern. Abb. 3.2 fasst die akustischen Markenelemente zusammen.

Das Sound Logo, auch bekannt unter den Bezeichnungen Audio-Logo, Sonic-Logo, akustisches Logo, Sonic Mnemonic, Kennmotiv, Signation und akustische Signatur, ist das populärste akustische Markenelement. Es ist üblicherweise durch eine kurze prägnante Tonfolge, meist zwischen ein bis drei Sekunden lang, charakterisiert und

Abb. 3.2 Akustische Markenelemente

kann aus Tönen (mit Melodiecharakter), spezifischen Geräusch(en) oder aus einer Kombination von beiden bestehen, die idealerweise die Markenidentität bzw. bestimmte Markenwerte akustisch kommunizieren. Dadurch sollen u. a. eine eindeutige akustische Identifikation der Marke und eine Stärkung der Markenidentität erzielt werden.

Das Sound Logo dient als „signifikanter Baustein des akustischen Gesamtbilds einer Marke" (Ballhausen und Tallau 2008) und stellt als (kürzest mögliche) akustische Übersetzung der Marke das akustische Pendant zum visuellen Logo dar. Als auditiver „Cue" (kognitiver „Anker") der Markenidentität soll das Sound Logo an die Marke und die mit ihr verbundenen Attribute erinnern. In Werbespots werden Sound Logos zumeist am Anfang oder am Ende positioniert. Dadurch wird das Ziel verfolgt, den Recall (Erinnerungsfähigkeit) zu erhöhen, als auch eine Abgrenzung gegenüber anderen Werbespots zu erwirken. In der audiovisuellen Kommunikation wird das Sound Logo oft auch mit dem (animierten) visuellen Logo kombiniert als Absender am Ende eines Werbespots dargeboten.

Im Rahmen der Entwicklung eines Sound Logos gilt es die folgenden vier grundsätzlich an ein Sound Logo gestellten Kriterien zu erfüllen:

- Marken Fit. Ein Sound Logo spiegelt idealerweise die Identität, insbesondere die Werte der jeweiligen Marke wider. Sofern die Markenidentität nicht vollständig akustisch übersetzt werden kann, sollte z. B. ein Fokus auf ein oder zwei Markenwerte gelegt werden. Entscheidend ist, dass das Sound Logo keinen Markenwerten, insbesondere nicht dem Markenkern, widerspricht.
- Prägnanz. Eine prägnante akustische Gestalt erleichtert das Wiedererkennen und folglich das Hervorrufen von Assoziationen zur Marke und steigert dadurch die Effizienz der Markenkommunikation. Da das Erinnern (Recall) von Sound Logos jedoch schwieriger zu erreichen ist als deren Wiedererkennung (Recognition), handelt es sich hierbei um jenes Kriterium, das die größte Herausforderung bei der Entwicklung von Sound Logos darstellt. Letztlich sind es nur wenige Sound Logos, die durch ihre prägnante akustische Gestalt in guter Erinnerung bleiben.

- Unverwechselbarkeit. Gute und erfolgreiche Sound Logos heben sich durch Auffälligkeit als Figur ab und differenzieren sich so von anderen Sound Logos. Dazu bedarf es im Vorfeld einer Wettbewerbsanalyse, die Auskunft darüber geben soll, wie die Marken der Wettbewerber akustisch positioniert sind. Schließlich muss das Sound Logo einzigartig und distinktiv sein.
- Flexibilität. In diesem Zusammenhang muss zwischen gestalterischer Flexibilität und technischer Flexibilität unterschieden werden. So bezeichnet die gestalterische Flexibilität das mögliche Maß einer klanglichen Variation des Sound Logos, um es verschiedenen Werbeinhalten kontextabhängig anzupassen.
- Eine sukzessive Variation des Sound Logos gemäß festgelegter Parameter der akustischen Markenidentität dient der Vorbeugung eines möglichen Abnutzungseffektes („Wear-out-Effekt"), der sich bei hoher Einsatzhäufigkeit desselben (unveränderten) Sound Logos einstellen kann. So können beispielsweise Tonart, Notenwerte, Tempo und Instrumentierung innerhalb eines definierten Rahmens verändert werden (Bsp. Deutsche Telekom Sound Logo). Letztlich muss die Wiedererkennbarkeit bewahrt und eine „Überlagerung unterschiedlicher innerer Bilder beim Konsumenten" vermieden werden. Neben der kontextabhängigen Modifizierung des Markenklangs gilt es auch, eine zeitgemäße (dezente) Adaptierung des originären Markenklangs in (un)regelmäßigen Abständen vorzunehmen (Bsp. Intel Sound Logo).
- Die technische Flexibilität betrifft die technischen Eigenschaften eines Sound Logos, wie z. B. die Breite des Frequenzspektrums. Grundsätzlich sollte das Frequenzspektrum des Sound Logos so beschaffen sein, dass es auch von Abspielgeräten wiedergegeben wird, die keine optimale Wiedergabequalität aufweisen (z. B. Telefon). Dadurch erreicht man Flexibilität in der Anwendung und muss keine nachteiligen Einschränkungen in Kauf nehmen. Bereits bei der Festlegung der Gestaltungskriterien des Sound Logos sollen relevante Kundenkontaktpunkte (u. a. TV, Radio, Telefon) mit der Marke Berücksichtigung finden.

Letztlich zeichnet sich ein erfolgreiches Sound Logo nicht nur durch Einhaltung der genannten Kriterien aus, sondern auch durch dessen langjährigen und konsistenten Einsatz in der Markenkommunikation. Zu den Best-Practice-Beispielen zählt das Sound Logo der Deutschen Telekom und jenes von Intel.

Der Jingle ist definiert als „musical messages written around the brand" (Keller et al. 2011) und bedeutet frei übersetzt „sanft-plätscherndes Wortgeklingel" (Wüsthoff 1999). Dieses akustische Markenelement ist charakterisiert durch das Sprechen oder Singen eines Markennamens oder Markenclaims, welches in eine vollständige Melodie-Phrase eingebettet ist. Der Jingle fungiert sozusagen als „Ton-plakat" und sollte generell leicht einprägsam sein, wobei sich kurze Melodien mit geringem Tonumfang und kleinen Intervallen besonders gut eignen.

Jingles werden oft an bekannte Volks- oder Kinderlieder angelehnt, sodass ein hoher Wiedererkennungswert erreicht wird. Außerdem unterstützt die einfache und einprägsame Art des Jingles die Aufnahme, Verarbeitung und Speicherung der Werbebotschaft. Im Idealfall wird ein Jingle samt Slogan zum „geflügelten Wort" für die Marke und damit unabhängig vom Produkt eine Aussage des normalen Sprachgebrauchs, wie z. B. bei Toyota („Nichts ist unmöglich – Toyota").

Die Bedeutung von Jingles in der Werbeindustrie hat im Lauf der Jahre abgenommen. Ein Grund dafür ist u. a., dass Jingles zu offenkundig Werbebotschaften beinhalten. Zwei bekannte Jingles der deutschen Werbegeschichte sind jener von Haribo („Haribo macht Kinder froh – und Erwachs' ne ebenso") und Calgon („Waschmaschinen leben länger mit Calgon").

Der Brand Song („Markenlied") bezeichnet ein Musikstück, das nach klassischem Liedschema komponiert ist, somit u. a. Strophe und Refrain beinhaltet. Die Auswahl des passenden Songs zur Marke erfolgt anhand der akustischen Markenidentität. Der Brand Song wird idealerweise über einen längeren Zeitraum in der Markenkommunikation verwendet und kann variiert sowie situationsbedingt angepasst werden.

Im Unterschied zu einem reinen „Commercial Song" (Werbesong), der in der Regel nur für eine bestimmte (kurze) Zeit eingesetzt wird, fungiert der Brand Song durch seinen langfristigen Einsatz in der

Markenkommunikation selbst als Markenzeichen. Ziel des Brand Songs ist es, dass der ausgewählte Musiktitel die Werbebotschaft authentisch unterstützt und damit hilft, das bestehende Image des Musikers bzw. der Band auf die Marke zu übertragen. Beim Rezipienten sollte idealerweise das Musikstück allein ausreichen, um Assoziationen zur Marke auszulösen.

Der Brand Song kann entweder speziell für die Marke neu komponiert werden oder als bereits existierender Song zum Einsatz kommen, der gegebenenfalls (markenadäquat) adaptiert wird. Im letzteren Fall wird ein bestehendes, idealerweise etabliertes Musikstück herangezogen, das zur Marke passt bzw. auf die Marke angepasst wird. Jedenfalls sollte man keinem aktuellen bzw. kurz- oder mittelfristigen Musiktrend folgen und einen etwaigen Imagewandel des Musikers bzw. der Band berücksichtigen. Bekannte Beispiele hierfür sind Brand Songs u. a. von Beck's („Sail Away"), Krombacher („Belfast Child") und Vodafone („Bohemian Like You"). Aber auch eine Neukomposition, d. h. ein eigens für die Marke komponierter Werbesong, kann u. a. durch die Anlehnung an populäre Musik hohen Bekanntheitsgrad erlangen. Ein bekanntes Beispiel hierfür ist der Werbesong der Marke Bacardi („Bacardi Feeling").

Eine Brand Voice („Markenstimme") bezeichnet eine Stimme, die in der Markenkommunikation eingesetzt wird, um eine zusätzliche Identifizierung und Differenzierung für die Marke in allen auditiven und audiovisuellen Schnittstellen zu erzielen. Eine Markenstimme bietet den Vorteil, dass sie neben dem semantischen Inhalt, der über sie vermittelt wird, auch eine große emotionale Kraft hat, die sich eine Marke gezielt zunutze machen kann. Ein bekanntes Beispiel war die Markenstimme von Volkswagen, die jeden Werbespot mit dem gesprochenen Markenclaim „Das Auto" abgebunden hat.

Nach „Aus Liebe zum Automobil" (2003–2007) und „Das Auto." (2007–2015) verwendet Volkswagen seinen Claim nicht mehr: *„Es geht nicht mehr nur um 'Das Auto', sondern darum, was der Kunde mit Volkswagen erlebt"* (Horizont 2015), sagt Diess, damals Vorstandsvorsitzender der Marke Volkswagen Pkw.

Idealerweise spiegelt die eingesetzte Stimme die Markenwerte, insbesondere die Markenpersönlichkeit, wider („Fit zur Marke"), um bei der Zielgruppe eine Glaubwürdigkeit und Akzeptanz der Marke hervor-zurufen. Dabei können paraverbale Gestaltungsparameter (u. a. Stimm-farbe, Akzent) die zu vermittelnden Informationen persönlicher wirken lassen (z. B. Ikea). Letztlich muss die Sprech- und Ausdrucksweise der Brand Voice dem Grundton der Werbung entsprechen.

Die Stimmwirkung ist jedoch nicht in jedem Medium gleich stark, denn in rein auditiven Kanälen, wie dem Telefon oder dem Radio, kommt der Stimme („Off-Stimme") eine wesentlich größere Bedeutung zu als in audiovisuellen Darbietungen. Da eine Stimme ohne visuelle Entsprechung ihre Persönlichkeitswirkung an die Marke abgibt, muss vor der Verpflichtung einer bekannten Persönlichkeit bzw. prominenten Markenstimme der Marken-Fit kontrolliert werden, denn letztlich kann eine nicht markenadäquate Stimme auch negative Folgen für die Marke haben.

Brand Music bezeichnet die charakteristische Musik einer Marke. Brand Music wird überwiegend am POS verwendet, um eine den Ver-kauf fördernde Stimmung zu erzeugen. Aber auch zur Überlagerung von störenden Geräuschen bzw. Stimulation oder Entspannung der Kunden bzw. Mitarbeiter kann dieses Sound Marketing-Element bei-tragen.

Brand Music wird häufig nicht bewusst wahrgenommen, beein-flusst jedoch die übrigen Stimuli wie Sprache und Bilder über ihre Dynamik, den Rhythmus, das Tempo und die Lautstärke. Oft werden auch bestimmte Klischeevorstellungen bedient, um gewünschte Assoziationen beim Konsumenten hervorzurufen und den Kauf von bestimmten Marken auszulösen. Ein bekanntes Beispiel für Brand Music ist jene der Marke Hugo Boss.

Soundscape („Klanglandschaft") ist ein englisches Kunstwort, das sich aus den Begriffen „Sound" und „Landscape" zusammensetzt und als „the auditory equivalent of a landscape" (Blesser und Salter 2009) definiert ist. Es bezeichnet eine mit einer bestimmten Umgebung ver-bundene Geräuschkulisse (z. B. Bürogeräusche, freie Natur). Ziel der Verwendung eines Soundscape ist es, eine bestimmte Atmosphäre („store atmospherics") am Kundenkontaktpunkt mit der Marke zu erzeugen, die sich positiv auf den Rezipienten auswirkt und u. a. die Verweildauer am Kontaktpunkt mit der Marke erhöht.

Ein Soundscape besteht aus sogenannten „Grounds" (Grund-atmosphäre) und „Figures" (kurze Klangereignisse) und kann sowohl tonal als auch geräuschhaft gestaltet sein (Schafer 1977). Der Soundscape verfolgt ein ähnliches Ziel wie die Brand Music bzw. Hintergrundmusik, benutzt dafür jedoch keine Rhythmik oder Melodik, sondern lediglich einzelne Töne, Klänge oder Geräusche. Als Einsatzgebiete des Soundscape bieten sich u. a. Messen, Events und Ver-kaufsräume an. Ein bekanntes Beispiel für einen Soundscape ist jener von Lufthansa.

Sound-Icons sind die (zeitlich) kürzesten akustischen Marken-elemente und können u. a. Teil des Sound Logos oder des Soundscape sein. Die Funktion eines Sound Icons, das in der Regel nicht länger als 500 ms ist, kann sowohl in der akustischen Übersetzung eines Marken-wertes (z. B. kann der Markenwert „innovativ" dementsprechend als adäquater Mouseover-Effekt auf Marken-Websites ertönen), als auch in der Wiedergabe von physikalisch bedingten charakteristischen Produkt-geräuschen liegen (z. B. das „Zischen" beim Öffnen einer Coca-Cola Flasche). Ein bekanntes Beispiel für ein Sound-Icon ist der „Flensburger Plop".

Grundsätzlich entsprechen Sound Icons den (geräuschhaften) Auditory Icons und (musikalischen) Earcons in der Mensch-Maschine Interaktion. So basieren Auditory Icons auf Geräuschen und „stellen realistische Alltagsgeräusche oder stilisierte Varianten davon dar" (z. B. das Geräusch beim Betätigen eines Schalters). Dadurch besitzen sie eine reale Bedeutung und rufen bei den Rezipienten Assoziationen zu bekannten Geräuschen hervor. Hingegen bestehen Earcons aus nur wenigen Tönen bzw. kurzen Melodiefolgen, die ein „informations-tragendes Ereignis" repräsentieren (z. B. akustisches Feedback in Alarm-situationen). Dies ergibt zwar den Vorteil, dass man – anders als bei den Auditory Icons – viele verschiedene Klangparameter verändern kann, jedoch bestehen bei Earcons keine Assoziationseffekte, da deren Bedeutungen sich nur durch Erfahrungen erlernen lassen.

3.6   Grenzen und Risiken bei der Entwicklung akustischer Markenelemente

Ein Problem, mit dem Soundexperten immer wieder zu kämpfen haben, ist die Geschmacksdiskussion. Es kommt oft vor, dass die Mitarbeiter in den Marketingabteilungen ihren eigenen Musikgeschmack als Maßstab nehmen. Daraus resultiert häufig, dass Marken-Fit, Unverwechselbarkeit, Prägnanz und/oder Flexibilität beim Brand Sound nicht optimal gegeben sind. Daher müssen sich im Rahmen der strategischen Entwicklung von Markenklang alle involvierten Parteien von der eigenen Geschmacksorientierung und kurzfristigen Trends abwenden und Brand Sounds auf ein markenstrategisch solides Fundament stellen.

Im Rahmen der Entwicklung von Brand Sounds kommt es häufig zwischen Markenexperten und „reinen" Musikern zu Verständigungsproblemen. Während das generelle Vokabular von Klang und Musik unter den Markenexperten bei weitem nicht so verbreitet ist wie die Begriffswelt des Visuellen, haben oftmals Musiker und Produzenten mit der strategischen und konzeptionellen Vorgehensweise im Rahmen der Markenführung Schwierigkeiten. Um einer „Verwässerung" von Ergebnissen vorzubeugen, müssen bei Gesprächen zwischen dem Auftraggeber und der Sound Marketing-Agentur, insbesondere im Briefing, undifferenzierte Äußerungen und subjektive Assoziationen wie „zu dunkel" oder „zu schrill" vermieden oder mit dem passenden Vokabular verständlich interpretiert werden.

Sound Marketing darf nicht als ein isolierter Ansatz interpretiert werden, sondern muss ein integraler Bestandteil des Markenmanagements sein. Folglich muss sich die akustische Identität inhaltlich und formal im Einklang mit der gesamten sinnlichen Identität der Marke befinden. Entscheidend ist, dass diese Maßnahmen zur Marke passen („Marken-Fit") und ein kohärentes Markenbild ergeben. Idealerweise kommt es zu einem „Fit des Markenerlebnisses mit der Wirklichkeit des Konsumenten".

Das Sound Marketing, das zur Marke passen muss, gilt es in eine ganzheitliche Markenführung einzubetten, sodass alle Markenkontaktpunkte multisensual orchestriert die angestrebte Markenpositionierung vermitteln. Ansonsten droht eine Verwässerung der Marke.

Sound Marketing wird durch guten Markenfit, hervorragende Erinnerbarkeit und einen hohen Wiedererkennungswert erfolgreich. Gleichzeitig sollte der Versuchung widerstanden werden, durch zu plakative, offensichtliche Gestaltung sehr frühzeitig das Publikum zu langweilen. Bei der Entwicklung eines akustischen Markenelements (z. B. Sound Logo) sollte die Liebe auf den ersten Blick besonders kritisch hinterfragt werden.

Idealerweise assoziiert der (potenzielle) Kunde mit einem Sound Logo innerhalb kürzester Zeit innere Bilder der Marke. Dazu reichen schon wenige Töne bzw. Sekunden aus. Insbesondere global agierende Unternehmen haben bei der Entwicklung von Brand Sounds kulturkreisspezifische Wirkungen zu beachten.

Ein erfolgreiches Sound Marketing zeichnet sich nicht nur durch Einhaltung bestimmter Kriterien (Marken Fit, Prägnanz, Unverwechselbarkeit, Flexibilität) aus, sondern auch durch dessen (langjährigen) konsistenten Einsatz in der Markenkommunikation.

Meist scheitert es am zur Verfügung stehenden Marketingbudget, um für eine konsistente akustische Markenkommunikation sorgen zu können. Dabei spielt der konsistente Einsatz von Sound Marketing eine wesentliche Rolle für dessen Effektivität.

Die Verwendung eines akustischen Markenelements, das nicht zur Marke passt bzw. Assoziationen zur Konkurrenzmarke hervorruft oder zu aufdringlich in der Markenkommunikation eingesetzt wird, kann eine negative Wirkung auf die Marke haben. Ein möglicher negativer Effekt kann sich in Form einer durch Irritation oder Reaktanz bedingten Abwehrhaltung des Konsumenten gegenüber der akustischen Markenkommunikation äußern.

Diesen Abwehrreaktionen sind Ermüdungserscheinungen („Wearout-Effekte") gegenüberzustellen. Letztere ergeben sich aufgrund der konsequenten Wiederholung akustischer Reize, die zur sinkenden Aufmerksamkeit und Erinnerungsleistung des Konsumenten führt. Sound Marketing verliert seine Wirkung, wenn es zu oft eingesetzt wird. Es wirkt, solange es eine gewisse Einzigartigkeit hat. Eine regelmäßige (dezente) zeitgemäße Adaptierung des Markenklanges kann einem möglichen Abnutzungseffekt entgegenwirken. Das Risiko der schnelleren

Abnutzung (Wear-out-Effekt) besteht z. B. durch ein zu modisches, trendiges und gleichzeitig starres Arrangement.

Sound hat eine gewisse Anfälligkeit, dass zu oft gehörte Dinge zu (negativen) Ohrwürmern werden können. Um diesem Abnutzungseffekt zu begegnen, sollten akustische Markenzeichen von Zeit zu Zeit modifiziert werden. Die Wiedererkennbarkeit darf jedoch dadurch nicht verloren gehen. Generell muss man beim Sound Marketing darauf achten, dass eine Ausgewogenheit über die Zeit vorhanden ist und es eine bestimmte Zeit braucht, um gewisse Effekte zu erzielen. Die Kunst der akustischen Markenführung besteht letztlich darin, dass die Komposition sowohl markante Signale beinhaltet als auch zur Marke passt.

Zudem muss bei der technischen Umsetzung der entwickelten Brand Sounds stets auf den Frequenzbereich geachtet werden, da beispielsweise kleine Geräte, wie Mobiltelefone oder die meisten Radios, keine tiefen Frequenzen (optimal) abspielen können. Daher empfiehlt sich vor der Entwicklung des akustischen Markenauftritts eine Analyse der markenspezifischen Kundenkontaktpunkte. Schließlich nimmt die technische Flexibilität der akustischen Markenelemente durch die stärkere Konvergenz der Medien an Bedeutung zu.

Unternehmen, die ihre Marke(n) akustisch führen möchten, fokussieren sich zumeist auf ein Sound Logo. Dabei gibt es neben dem Sound Logo noch weitere Ausprägungsformen akustischer Markenelemente. So reicht das Spektrum an Brand Sounds vom Sound Logo über Jingle, Brand Song, Brand Voice, Brand Music, Soundscape bis zum Sound Icon.

Außerdem ist zu berücksichtigen, dass mit unterschiedlichen Gestaltungselementen des Sound Marketing unterschiedliche Ziele verfolgt werden können: Brand Songs können beispielsweise ein unverwechselbares Klangerlebnis kreieren, das einen starken Beitrag zum Aufbau eines emotionalen Markenimages leistet. Wohingegen ein Sound Logo primär das Erlernen der Marke, d. h. die Schaffung von Markenbekanntheit, unterstützt. Akustische Markenelemente sollten jedenfalls sorgfältig ausgewählt und getestet werden:

Sound Marketing wirkt dann, wenn es unterbewusst arbeitet. Man sollte es eigentlich nicht bewusst bemerken. Wenn man sich nun im

Meeting wenige Sekunden auf das Sound Logo konzentriert und Dinge hineininterpretiert, so kann es bei den Hörern nicht unterbewusst wirken. Pretests von Sounds sind zwingend erforderlich, reine Blindtests sind jedoch nicht zielführend, da das Gesamtbild über die Wirkung von Sound Marketing entscheidet.

Sound Marketing darf nicht als kurz- oder mittelfristiges Projekt betrachtet werden, sondern muss stetig weiterentwickelt, verbessert und erweitert werden. Marken entwickeln sich stetig weiter. Auch akustisch muss das möglich sein, ohne die bereits aufgebaute Identität zu verlieren. Sound Marketing ist kein fertiges Produkt, wie zum Beispiel etwa ein Brand Song und ebenso kein Projekt, das zu einem bestimmten Zeitpunkt abgeschlossen werden kann. Es ist ein lebender Prozess, der einem subtilen Wandel unterliegt.

Die Gestaltungsoptionen für kurze, prägnante Tonfolgen sind nicht unerschöpflich und somit wird es immer schwieriger werden, Brand Sounds zu kreieren, die das Potenzial haben, Aufmerksamkeit und Vertrauen der Bezugsgruppen zu erlangen. Jedenfalls bedarf es eines verantwortungsbewussten Umgangs mit Markenklang im Rahmen der Markenführung, wobei Verantwortung auch manchmal Mut zur Stille bedeuten kann.

Schließlich ist Sound Marketing kein Allheilmittel, sondern eine professionelle Ergänzung der Markenführung bzw. Markensteuerung. Beispielsweise ist auch Intel mit einem bemerkenswert guten Sound Logo darauf angewiesen, dass die Produktsubstanz stimmt. Fehlt dem Produkt die entsprechende Qualität, so kann auch das beste Sound Marketing nur bedingt helfen.

Ihr Transfer in die Praxis

- Analysieren Sie die unterschiedlichen Kontaktpunkte mit Ihren Kunden hinsichtlich eines möglichen Sound Marketing.
- Finden Sie heraus, welches akustische Markenelement für ihr Unternehmen am besten passt.
- Prüfen Sie, ob Sie Ihr bevorzugtes akustisches Markenelement in Ihrer Website einsetzen können.
- Machen Sie sich die Grenzen und Risiken von Sound Marketing bewusst.

Literatur

Ballhausen, M./Tallau, C. (2008): Akustische Markenführung – Von der Markenidentität zum akustischen Markenauftritt, in: Transfer. Werbeforschung & Praxis, 04/2008, S. 48–55.

Blesser, B./Salter, L.-R. (2009): Spaces speak, are you listening? Experiencing Aural Architecture, Cambridge/London: MIT Press.

Chang, J.E./Tekchandaney, J.R./Rangaswamy, A./Simpson, T.W. (2003): Websites as Personalities and Playgrounds: Their Effects on Brand Image, eBusiness Research Center, Working Paper.

Dahlen, M./Rasch, A./Rosengren, S. (2003): Love at first site? A study of website advertising effectiveness, in: Journal of Advertising Research, Vol. 43, Nr. 1, Cambridge Univ Press, S. 25–33.

Danaher, P.J./Mullarkey, G.W./Essegaier, S. (2006): Factors affecting web site visit duration: a cross-domain analysis, in: Journal of Marketing Research, Vol. 63, S. 182–194.

4. Gierl, H./Bambauer, S. (2007): Werbewirkung ausgewählter Website-Elemente. Eine empirische Studie am Beispiel der Internetauftritte von PKW-Herstellern, in: Bayón, T./Herrmann, A./Huber F. (Hrsg.): Vielfalt und Einheit in der Marketingwissenschaft: Ein Spannungsverhältnis, Wiesbaden: Gabler, S. 306–325.

Gorn, G.J./Chattopadhyay, A./Sengupta, J./Tripathi, S. (2004): Waiting for the Web: How Screen Color Affects Time Pereption, in: Journal of Marketing Research, Vol. XLI, May, S. 215–225.

Heimbach, P. (2001): Nutzung und Wirkung interaktiver Werbung. Eine Studie zum Blickverhalten im Internet, Wiesbaden: DUV.

Horizont (2015): Volkswagen schafft seinen Werbeclaim ab, URL: https://www.horizont.net/marketing/nachrichten/Das-Auto-war-einmal-Volkswagen-schafft-seinen-Werbeclaim-ab-138017, Zugegriffen: 29. August 2023.

Jee, J./Lee, W.-N. (2002): Antecedents and Consequences of perceived interactivity: an exploratory study, in: Journal of Interactive Advertising, 3, S. 1–18.

Keller, K. L./Aperia, T./Georgson, M. (2011): Strategic Brand Management: A European Perspective, Harlow: Financial Times/Prentice Hall.

Kiss, G. (2005): Wirkung interaktiver Markenauftritte im Internet, Berlin: Logos.

Lee, Y./Kozar, K.A. (2012): Understanding of Website Usability: Specifying and measuring constructs and their relationships, in: Journal of Decision Support Systems, Vol. 52, Nr. 2, S. 450–463.

Lindgaard, G./Fernandes, G./Dudek, C./Brown, J. (2006): Attention web designers: You have 50 milliseconds to make a good first impression, in: Behaviour & Information Technology, Vol. 25, Nr. 2, March-April 2006, S. 115–126.

Macias, W. (2003): A preliminary structural equation model of comprehension and persuasion of interactive advertising brand web sites, in: Journal of Interactive Advertising, 3, S. 1–19.

Mau, G. (2009): Die Bedeutung der Emotionen beim Besuch von Online-Shops. Messung, Determinanten und Wirkungen, Wiesbaden: Gabler.

Meffert, H./Burmann, C. (2002): Theoretisches Grundkonzept der identitätsorientierten Markenführung, in: Meffert, H./Burmann, C./Koers M. (Hrsg.): Markenmanagement. Grundfragen der identitätsorientierten Markenführung, Wiesbaden: Gabler, S. 35–72.

Müller, B./Chandon, J.-L. (2003): The impact of visiting a brand website on brand personality, Electronic Markets, Vol. 13, Nr. 3, S. 210–221.

Müller, B./Chandon, J.-L. (2004): The impact of a world wide web site visit on brand image in the motor vehicle and mobile telephone industries, in: Journal of Marketing Communications, Nr. 10, June 2004, S. 153–165.

Müller, B./Florès, L./Agrebi, M./Chandon, J.-L. (2008): The branding impact of brand websites: do newsletters and consumer magazines have a moderating role?, in: Journal of Advertising Research, Vol. 48, Nr. 3, S, 465–472.

Ringle, T. (2006): Strategische identitätsorientierte Markenführung, Wiesbaden: Deutscher Universitäts-Verlag/GWV Fachverlage.

Schafer, R.M. (1977): The Soundscape. Our Sonic Environment and the Tuning of the World, Rochester: Destiny Books.

Schmidt, K. (2007): Design als strategischer Erfolgsfaktor und Dimension von Identität, in: Piwinger, M./Zerfass, A. (Hrsg.): Handbuch der Unternehmenskommunikation, Wiesbaden: Gabler, S. 487–497.

Voorveld, H.A.M./Neijens, P.C./Smit, E.G. (2009): Consumers' responses to brand websites: an interdisciplinary review, in: Internet Research, Vol. 19, Nr. 5, S. 535–565.

Wüsthoff, K. (1999): Die Rolle der Musik in der Film-, Funk- und Fernsehwerbung, 2. Aufl., Kassel: Merseburger.

Yates, R.A./Noves, J.M. (2007): Web Site Design, Self-Monitoring Style, and Consumer Preference, in: Journal of Applied Social Psychology, 37, 6, S. 1341–1362.

4

Praxisbeispiel – BMW Sound Website

Was Sie aus diesem Kapitel mitnehmen

- Welche unterschiedlichen akustischen Markenelemente im Web-Experiment eingesetzt wurden.
- Welche beiden Nutzergruppen im Web-Experiment untersucht wurden.
- Die Wirkung einer akustisch gestalteten Marken-Website auf Nutzergruppen mit hohem und niedrigem (situativen) Involvement.

Die Automobilbranche ist seit Jahren prototypisch für einen gesättigten Markt mit vergleichbaren Produkten. Daher reicht die Herstellerqualität als alleiniges Argument schon lange nicht mehr aus, um sich vom Wettbewerb zu unterscheiden. Als Konsequenz etablierten viele Automobilhersteller ein systematisches Marken-Management, um ihre Produkte und Marken zusätzlich über ein international kohärent aufgebautes Image zu differenzieren.

Um sich im zunehmenden Wettbewerb in stagnierenden und gesättigten Märkten gegen die Konkurrenz behaupten zu können, werden für Automobilhersteller vor allem Konzepte, die eine Kundenbindung und Kundenrückgewinnung in den Vordergrund stellen,

© Der/die Autor(en), exklusiv lizenziert an Springer Fachmedien Wiesbaden GmbH, ein Teil von Springer Nature 2023
P. Steiner, *Quick Guide Sound Websites*, Quick Guide,
https://doi.org/10.1007/978-3-658-43220-1_4

immer bedeutender. Dabei sind zweiseitige Kommunikationsprozesse im Sinne von Dialogen gefragt, um langfristige Beziehungen zwischen Unternehmen und Kunden aufbauen zu können. Eine besonders hohe Wirkung erzielen Dialoge, wenn die Informationen multisensorisch vermittelt und von der Zielgruppe aufgenommen werden.

Automobilhersteller stehen vor der Herausforderung, ihre Markenwerte im Rahmen der Markenkommunikation durch möglichst viele Sinne zu vermitteln, z. B. in Form von Markenerlebniswelten, um Konsumenten langfristig an ihre Marke zu binden. Erfolgreiche Hersteller von Premiummarken wie BMW oder Porsche messen markenspezifischen Elementen wie Design, Markenerlebnis und Produktinnovationen immer mehr Bedeutung bei, da in kaum einem anderen Konsumgütermarkt das Bedürfnis nach Identifikation mit Marken ähnlich stark ausgeprägt ist. Für den Erfolg einer Marke ist letztlich deren typischer und konsistenter Auftritt in allen Kanälen, insbesondere in den digitalen Medien, wesentlich.

Da es sich bei einem Automobil um ein typisches High-Involvement-Produkt handelt, genießt dessen Anschaffung für Konsumenten in aller Regel größte Bedeutung. Aufgrund des finanziellen Umfangs bedarf es im Vorfeld der Kaufentscheidung einer sorgfältigen Überlegung, bei der zahlreiche rationale und emotionale Motive Berücksichtigung finden. Die subjektiv wahrgenommene Ausstrahlung einer Automobilmarke wird dabei für die Kaufentscheidung immer wichtiger. Dabei kommt dem Markenauftritt im Internet eine zentrale Rolle zu.

Grundsätzlich stehen Automobilherstellern im Rahmen der Online-Markenkommunikation mehrere Marketing-Maßnahmen zur Verfügung, wie u. a. Social Media-Marketing und das Betreiben von Websites. Diese Marketing-Maßnahmen bieten jedoch für die Markeninhaber einen unterschiedlichen Freiheitsgrad in dessen Gestaltung. Während Unternehmen beim visuellen und akustischen Design einer Website eine relativ hohe Flexibilität besitzen, da sie diese eigenständig gestalten können, ist die Gestaltung des Markenauftritts in Social Media (u. a. Facebook, Instagram, X) sehr eingeschränkt.

Da die Marken-Website als zentraler Markenauftritt in den digitalen Medien gilt, ihr eine relativ hohe Glaubwürdigkeit zugeschrieben wird und einen hohen gestalterischen Freiheitsgrad ermöglicht, fungiert die

Marken-Website als Forschungsgegenstand dieser Arbeit. Im Speziellen wird die Website der Marke BMW als Analysegegenstand der Arbeit herangezogen. Dies liegt darin begründet, dass Akustik ein wichtiger Bestandteil im BMW Markenauftritt ist. Das Untersuchungsfeld der Arbeit beschränkt sich auf Deutschland.

Im Rahmen der akustischen Gestaltung von Marken-Websites können sowohl verbale als auch nonverbale akustische Reize zum Einsatz kommen. In der vorliegenden Arbeit wird die Wirkung einer nonverbal akustisch gestalteten Marken-Website auf Nutzergruppen mit hohem und niedrigem (situativen) Involvement erklärt und gemessen. Die Wahl nonverbaler akustischer Reize liegt zum einen darin begründet, da es sich bei nonverbaler Kommunikation generell um ein noch junges Forschungsfeld handelt, das deutlich weniger Beachtung als verbaler Kommunikation erfahren hat und erst in den 1980er Jahren Aufmerksamkeit in der Werbeforschung erlangte. Außerdem ist von einer generellen Überlegenheit nonverbaler Reize gegenüber verbaler Reize auf die Gedächtnisleistungen auszugehen.

4.1 Grundlagen und Zielsetzung des Web-Experiments

Für die Überprüfung der vorliegenden Fragestellung wurde ein Web-Experiment durchgeführt, das von einer Online-Befragung ergänzt wurde. Bei einem Web-Experiment greifen die Versuchspersonen von einem beliebigen Ort aus über das Internet auf einen Experimental-Server zu, der ihnen (experimentell variiertes) Stimulusmaterial und/oder Web-Fragebögen über den Bildschirm zur Bearbeitung online zur Verfügung stellt. Der gesamte experimentelle Ablauf erfolgt online, vollkommen automatisiert und ohne Eingriff eines Versuchsleiters über den Computer.

Im Vergleich zu anderen Methoden der Onlineforschung haben Web-Experimente den entscheidenden Vorteil, dass man mit ihnen kausale und nicht nur korrelative Zusammenhänge überprüfen kann. Aufgrund ihrer größeren Variabilität hinsichtlich der Untersuchungssituationen (z. B. unterschiedliche Tageszeiten, Umgebungen etc.) weisen Web-Experimente eine gegenüber Laborexperimenten höhere externe Validität auf. Zudem erlauben Web-Experimente durch den Einsatz potenziell heterogenerer Stichproben eine stärkere Generalisierung der Experimentalbefunde.

Web-Experimente bieten gegenüber traditionellen Laborexperimenten eine Reihe von Vorteilen. So zählen die Auflösung geografischer Grenzen, kurze Erhebungszeiträume, automatische Datenspeicherung, Erhebung non-reaktiver Daten, adaptive bzw. dynamische Gestaltung des Versuchsablaufs und die Erreichbarkeit spezifischer Zielgruppen zu den Vorteilen von Web-Experimenten.

Generell ziehen Web-Experimente auch Nachteile mit sich, wie der systematische Drop-Out, selbst-selegierte Stichprobe, mangelnde Repräsentativität, die geringe Situationskontrolle und die nur schwer zweifelsfrei festzustellende Identität der Versuchsteilnehmer. Zudem ist die interne Validität bei Web-Experimenten geringer anzusiedeln als bei Laborexperimenten. Der Grund dafür liegt u. a. in der fehlenden bzw. geringeren Kontrollierbarkeit der Untersuchungssituation, in der die Experimentalteilnahme erfolgt. Folglich können Störungen während des Experimentalablaufs (z. B. durch Telefonanrufe) nicht ausgeschlossen werden und die Datenqualität beeinträchtigen. Außerdem gilt es zu berücksichtigen, dass aufgrund der Heterogenität der Software-Ausstattung (Betriebssystem, Browser, Plugins etc.) der Versuchspersonen technische Probleme auftreten können, die die Funktionsfähigkeit von Web-Experimenten beeinträchtigen und einen zusätzlichen Bias generieren.

Da Online-Untersuchungen in der Regel in einer vertrauten Umgebung (meist vor dem eigenen Computer) bearbeitet werden, sind verzerrte Ergebnisse durch den Einfluss ungewohnter Umgebungsbedingungen, wie sie in Labor-Settings auftreten können, zumeist auszuschließen. Die automatische Randomisierung und dynamische Zuweisung von Probanden zu den Experimentalbedingungen erlauben elaboriertere Stichprobenziehungen und komplexere Untersuchungsdesigns. Zu den Feldern, in denen Web-Experimente ihre besondere Stärke entfalten können, zählen u. a. die anwendungsorientierte

Forschung (hohe externe Validität) und Marktforschung (kurze Reaktionszeiten).

Ziel der empirischen Untersuchung ist die Erklärung und Messung der Wirkung einer akustisch gestalteten Marken-Website auf Nutzergruppen mit hohem und niedrigem (situativen) Involvement. Abschließend werden Handlungsempfehlungen für den Einsatz akustischer Reize im Rahmen der Marken-Website abgeleitet, um damit einen Beitrag zur Markenstärkung zu leisten.

Grundsätzlich verfolgen Internetnutzer abhängig von ihren jeweiligen Bedürfnissen und Erwartungen unterschiedliche Ziele. So wollen beispielsweise einige Nutzer unterhalten werden und bevorzugen daher u. a. eine reizstarke (audio)visuelle Umgebung im Internet. Aus den unterschiedlichen Besuchszielen einer Website resultieren die Ansprüche der Nutzer an die Gestaltung eines Internetauftritts.

Entspricht der Internetauftritt eines Unternehmens bzw. einer Marke den Erwartungen der Nutzer, ergibt sich aus den affektiven und kognitiven Prozessen eine positive Einstellung, die letztlich zu einem Annäherungsverhalten mit den entsprechenden Verhaltenskonsequenzen (u. a. Verlängerung der Verweildauer und positive Wiederbesuchsabsicht) führt. Werden die Erwartungen der Nutzergruppen nicht erfüllt, so folgt ein Vermeidungsverhalten, welches das Verlassen der Website und eine negative Wiederbesuchsabsicht als Resultat haben kann.

Die in der empirischen Analyse zu untersuchenden Nutzergruppen Searcher und Browser unterscheiden sich durch ihr unterschiedlich hohes Involvement, das somit als verhaltens-wissenschaftliches Differenzierungsmerkmal fungiert. Die Höhe des Involvements hat nicht nur maßgeblichen Einfluss auf die Art des Surfverhaltens, sondern auch auf die objektgerichtete Informationssuche, -aufnahme, -verarbeitung und -speicherung des Internetnutzers. Während bei Searchern kognitive Prozesse überwiegen, dominieren bei Browsern emotionale Prozesse. Demnach sind signifikante Unterschiede in der Wirkung akustischer Reize auf Searcher und Browser zu erwarten.

Für Searcher würde ein schwacher Grad akustisch gestalteter Marken-Websites bedeuten, dass die Internetnutzer im Sinne ihres Bedürfnisses vorwiegend Informationen dargeboten bekommen und nicht durch periphere Reize in ihrer Suche beeinträchtigt werden. Ein mittlerer Grad akustisch gestalteter Marken-Websites wird von Searchern vermutlich aufgrund der reizstärkeren akustischen Stimuli weniger unterhaltsam und weniger informativ empfunden. Ist die Marken-Website hochgradig akustisch gestaltet, so findet voraussichtlich eine Überreizung des Searchers statt. Die hohe Informationsrate, die sich aufgrund der Vielzahl und Unterschiedlichkeit der Reize ergibt, wirkt wahrscheinlich auf den Searcher störend. Demnach sollte sich eine Steigerung der akustischen Gestaltung einer Website negativ auf die Wahrnehmung des Unterhaltungswertes, Informationsgehaltes, optischen Gefallens, Übersichtlichkeit, Navigation und die Bewertung der akustischen Marken-Website insgesamt auswirken.

Im Vergleich zu den Searchern verfolgen Browser im WWW kein klar umrissenes Suchziel und sind durch ein niedriges Involvement gekennzeichnet. Das Browsing ist vor allem bei Internetnutzern zu beobachten, die das Internet zur Unterhaltung nutzen. Einstellungsänderungen finden bei Browsern vorwiegend durch periphere Reize der Website statt. Folglich sollte sich eine Steigerung der akustischen Gestaltung einer Website positiv auf die Wahrnehmung des Unterhaltungswertes, Informationsgehaltes, optischen Gefallens, Übersichtlichkeit, Navigation und die Bewertung der akustischen Marken-Website insgesamt auswirken. Eine Überreizung wie bei den Searchern ist nicht zu erwarten.

4.2   Konzeption und Umsetzung des Web-Experiments

An der Entwicklung und Durchführung des Web-Experiments waren insgesamt vier Dienstleistungsunternehmen (DU) beteiligt. „DU 1", ein renommiertes deutsches Musik- und Soundproduktionshaus, wurde mit der Erstellung jener akustischen Markenelemente beauftragt, die im Rahmen dieses Web-Experiments eingesetzt wurden. „DU 2" ist auf kreative, integrierte Multikanal-Kommunikation spezialisiert und vollzog die Einbindung der akustischen Markenelemente in das

Experimentalumfeld. Für die Durchführung der Datenerhebung zeichnet „DU 3", ein unabhängiges Marktforschungsinstitut, verantwortlich. Schließlich hat „DU 4" die Messung des Klickverhaltens durchgeführt. So wurden die Verweildauer auf der Marken-Website, die Anzahl der besuchten Webpages und die Betätigung des Sound On-/Off-Buttons gemessen.

Als Experimentalumfeld dieser Arbeit dient die deutsche Website der Marke BMW. Da es in der Natur experimenteller Versuchsanordnungen liegt, dass sie die praxisrelevante Komplexität immer nur bis zu einem gewissen Grad abzubilden vermögen, müssen auch im intendierten Experiment Einschränkungen in Kauf genommen werden. So kam aus firmeninternen Gründen nicht die offizielle BMW Marken-Website (www.bmw.de) als Experimentalumfeld zum Einsatz, sondern ein sogenannter Reverse Proxy. Ein Reverse Proxy ist ein Proxy, d. h. eine Kommunikationsschnittstelle in einem Netzwerk, der Ressourcen für einen Client von einem oder mehreren Servern holt. Der Begriff „Reverse" bezeichnet die Adressumsetzung in der entgegengesetzten Richtung, wodurch die wahre Adresse des Zielsystems dem Client verborgen bleibt.

Je nach Aufbau können Versuchspläne mit und ohne Pretest-Messung unterschieden werden. Da im Rahmen dieser Arbeit die Wirkung akustischer Marken-Websites auf unterschiedliche Nutzergruppen (Searcher und Browser) überprüft werden soll, eignet sich ein zweiphasiger Versuchsplan. So erfolgt in der Pretest-Phase vor der experimentellen Manipulation („Treatment") eine Messung zur Einstellung gegenüber der untersuchten Marke. In der Posttest-Phase wiederholt sich diese Messung, um etwaige Veränderungen nach der Manipulation zu identifizieren.

Im vorliegenden Experiment erfolgt die Darbietung des Stimulus bei unterschiedlichen Personen. Das sogenannte „Between-Subjects-Design" gewährleistet, dass der Proband nicht mehrfach den akustischen Stimuli in unterschiedlichen Versuchsbedingungen ausgesetzt wird. Demnach ist es wahrscheinlich, dass die Versuchsperson den Zweck der Studie nicht erkennt.

Im Rahmen des Forschungsexperiments werden acht Gruppen gebildet. Dabei werden die Probanden jeweils im gleichen Umfang

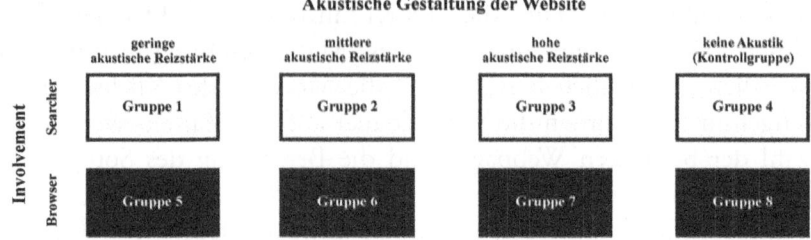

Abb. 4.1 Experimenteller Versuchsplan

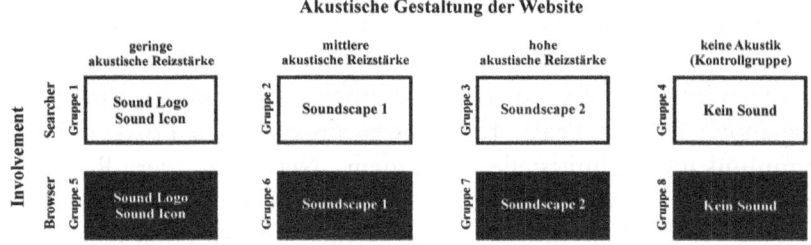

Abb. 4.2 Untersuchungsdesign

in Searcher und Browser eingeteilt. Während sechs Versuchsgruppen mit einer akustisch gestalteten Website konfrontiert werden, dienen zwei Versuchsgruppen als Kontrollgruppe, in der keine Manipulation stattfindet. Somit ergibt sich als experimenteller Versuchsplan ein 8-Gruppen-Pretest–Posttest-Design. Abb. 4.1 fasst den experimentellen Versuchsplan grafisch zusammen:

Mithilfe eines Web-Experiments soll in dieser Arbeit die Wirkung akustischer Marken-Websites auf unterschiedliche Nutzergruppen (Searcher und Browser) untersucht werden. Daraus ergeben sich die beiden unabhängigen Variablen des Experiments: Die Ausprägung der akustischen Gestaltung der Marken-Website und das situative Involvement der Nutzergruppen. Das 2 × 4 Design der Untersuchung ist in Abb. 4.2 dargestellt:

Als erste unabhängige Variable dient die Ausprägung der akustischen Gestaltung der Marken-Website. So werden drei akustische Marken-elemente (Sound Logo, Soundscape, Sound Icon) im Web-Experiment eingesetzt. Insgesamt kommen drei unterschiedliche akustische Ausprägungen (geringe, mittlere und hohe akustische Reizstärke) der Marken-Website zur Anwendung.

Das situative Involvement der Versuchsperson beim Surfen im Internet fungiert als zweite unabhängige Variable der Untersuchung. Im Zusammenhang mit der vorliegenden experimentellen Untersuchung ist das Situationsinvolvement von besonderer Bedeutung, da es eine Differenzierung von unterschiedlichem Internet-Nutzungsverhalten erlaubt und die anderen Involvementdimensionen dominiert.

Im Rahmen des Web-Experiments dieser Arbeit werden die Versuchspersonen durch Vorgabe einer Surfinstruktion zufallsbedingt zu Searchern und Browsern gemacht. So erhielten die Probanden in Gruppe 1 bis 4, die zum Suchverhalten manipuliert werden sollten, die folgende Aufgabenstellung:

„Durchsurfen Sie jetzt bitte den folgenden Internetauftritt und informieren Sie sich über die Marke und ihre Produkte im Hinblick auf folgende zwei Fragestellungen:

1. Suchen Sie das Modell mit dem geringsten und dem höchsten Spritverbrauch (Verbrauch in l/100 km). Nutzen Sie gegebenenfalls den Fahrzeug-Konfigurator.
2. Informieren Sie sich über die angebotenen Dienste der Marke.“

Um bei den Gruppen 5 bis 8 ein möglichst geringes Involvement zu erzeugen, wurde diesen Probanden folgende Instruktion vorgegeben:

„Durchsurfen Sie jetzt bitte den folgenden Internetauftritt und zwar so lange Sie möchten, ohne Zeitbegrenzung.“

Die unterschiedliche akustische Gestaltung der Marken-Website dient als Experimentalstimulus. So wurden drei nonverbale akustische Markenelemente (Sound Logo, Soundscape, Sound Icon) im Web-Experiment eingesetzt. Da für dieses Forschungsvorhaben lediglich das BMW Sound Logo vorlag, wurden die restlichen beiden akustischen Markenelemente (Soundscape, Sound Icon) von „DU 1“ exklusiv entwickelt.

Aus forschungsmethodischer Sicht darf die Auswahl akustischer Reize für die experimentelle Studie nicht dem subjektiven Gefallen des

Experimentators unterliegen und sollte stets im Rahmen eines Pre-Tests überprüft werden. Daher wurden zwei Sound Designer mit der Entwicklung eines markenadäquaten Soundscape und Sound Icons beauftragt, die jeweils drei Versionen der beiden akustischen Markenelemente anfertigten. Diese akustischen Markenelemente wurden anonymisiert im Rahmen eines Pre-Tests von ausgewählten Probanden (u. a. Markenexperten) hinsichtlich mehrerer Kriterien (u. a. „Marken-Fit") bewertet. Schließlich wurde unter den sechs akustischen Markenelementen jener Soundscape und jenes Sound Icon bestimmt, die nach Ansicht der Probanden die Identität der untersuchten Marke am besten akustisch widerspiegeln, als auch am prägnantesten und unverwechselbarsten sind.

Der Soundscape wurde in einer reizärmeren (Soundscape A) und einer reizstärkeren (Soundscape B) Variante angefertigt. Während der reizärmere Soundscape eine Länge von 1:38 min besitzt, eher reduziert und mit wenig dramaturgischer Entwicklung gestaltet ist, hat der reizstärkere Soundscape eine Länge von 1:58 min und ist im Vergleich zur reizärmeren Version abwechslungsreicher.

Das eingesetzte Sound Icon hat mit 291 ms eine optimale Länge und wurde von den Probanden als am unaufdringlichsten und vielversprechendsten empfunden. Durch die zeitliche Kürze wurde der Fokus auf der akustischen Übersetzung eines Markenwertes gelegt.

Im Gegensatz zum Soundscape und Sound Icon lag das BMW Sound Logo bereits vor.

Das (neue) BMW Sound Logo wurde im Zuge der Weiterentwicklung der akustischen Markenführung global in 2013 in der Markenkommunikation eingeführt. Das seit 1999 verwendete BMW Sound Logo („Doppelgong") wurde durch ein modernes, ästhetisches und dynamisches Erkennungsmerkmal ersetzt. Die zukünftige akustische Visitenkarte der Marke BMW besteht aus verschiedenen Sound-Elementen, die für Teilbereiche der Markenidentität von BMW stehen.

Im vorliegenden Web-Experiment dient die BMW Marken-Website als Experimentalumfeld. Aus firmeninternen Gründen kam jedoch nicht die offizielle Marken-Website des Automobilherstellers als Experimentalumfeld zum Einsatz, sondern ein sogenannter Reverse

Proxy. Dieser Reverse Proxy hat die Anfragen an die verschiedenen Unternehmensserver der untersuchten Automobilmarke weitergeleitet. Von den Servern wurden dann Antworten in Form von Webseiten-Daten (HTML-Seiten, Bilder, Javascript-Dateien, etc.) gesendet. Diese Daten wurden schließlich teilweise in ihrem Originalzustand und teilweise verändert an den anfragenden Benutzer weitergeleitet.

Die als Experimentalstimuli dienenden akustischen Markenelemente (Sound Logo, Soundscape, Sound Icon) wurden nicht in der Marken-Webseite geladen, sondern mittels JavaScript und Flash in einer die Marken-Website umgebenden HTML-Seite, die die eigentlichen Inhalte der Website in einem iFrame lädt. Damit sollte jenen Probanden, die im Web-Experiment einer mittleren und hohen akustischen Reizstärke ausgesetzt wurden, eine kontinuierliche und unterbrechungsfreie akustische Inszenierung der Marken-Website – auch beim Seitenwechsel – ermöglicht werden. Aufgrund derselben Domain von umgebender Seite und iFrame können die beiden Seiten problemlos untereinander kommunizieren. So wird beispielsweise beim Anklicken eines Links innerhalb des iFrames per JavaScript ein Sound in der umgebenden Seite abgespielt.

Während das Abspielen des Sound Logos automatisch beim (erstmaligen) Aufruf der Website erfolgte, ertönte das Sound Icon stets beim „Anklicken" einer Interaktionsfläche (Button od. Icon) auf der Website. Das Abspielen des Soundscape erfolgte – wie auch beim Sound Logo – automatisch beim Betreten der Website. Durch Betätigung des (exklusiv entwickelten) Buttons „Sound On/Off", welcher sich auf der linken Seite der Navigationsleiste befand, hatte der Proband die Möglichkeit, den Soundscape jederzeit abzuschalten. Tab. 4.1 beinhaltet eine Zusammenfassung des Experimentalaufbaus:

4.3 Ergebnisse des Web-Experiments

Im Rahmen dieses Web-Experiments wurden die Versuchspersonen durch Vorgabe einer Surfinstruktion zufallsbedingt in Searcher und Browser eingeteilt. Um die Manipulation des Situationsinvolvements zu überprüfen, wurden die Verweildauer auf der Marken-Website und

Tab. 4.1 Steckbrief der experimentellen Studie zur Wirkung akustisch gestalteter Marken-Websites auf Nutzergruppen mit unterschiedlich hohem (situativen) Involvement. (Eigene Darstellung)

Art des Experiments	Web-Experiment
Größe der Stichprobe	1627
Experimentalumfeld	Marken-Website eines führenden deutschen Premium-Automobilherstellers
Erhebungsdesign	Querschnittsdesign
Versuchsplan	Between-subject Experimentaldesign
Experimentaldesign	Acht-Gruppen-Pretest–Posttest-Design
Treatment	Ausprägung der akustischen Gestaltung der Marken-Website, situatives Involvement der Nutzergruppen
Untersuchungsart	Computer Assisted Self Interviewing (CASI)
Experimentalstimuli	Die Ausprägung der akustischen Gestaltung der Marken-Website umfasst insgesamt drei unterschiedliche Sound-Branding-Elemente (Sound Logo, Soundscape, Sound Icon), die in drei Kombinationen auf der Website implementiert werden
Zeitraum der Erhebung	18.06–25.06.13
Auswertung	Auswertung der Daten mit dem Statistikprogramm IBM SPSS: Mittelwertvergleiche, Varianzanalyse

die Anzahl der besuchten Webpages der Probanden mithilfe von Web Analytics gemessen. Wie ein Mittelwertvergleich zeigt, verbrachten Browser im Durchschnitt rund 191 s auf der Marken-Website, Searcher hingegen rund 296 s. Auch die Anzahl der besuchten Webpages von Searchern und Browsern unterscheidet sich hoch signifikant. So hat ein Mittelwertvergleich ergeben, dass Searcher im Durchschnitt 7,00 Webpages besucht haben, Browser hingegen nur 4,24 Webpages. Aus diesen beiden Ergebnissen kann geschlossen werden, dass die Manipulation des Situationsinvolvements gelungen ist.

Das Ergebnis, in welchen Situationen die Probanden ihre Lautsprecher für gewöhnlich aktiviert haben, zeigt, dass die meisten Befragten (84 %) ihre Lautsprecher beim privaten Surfen im Internet einschalten. Mehr als die Hälfte (56 %) der Probanden können in der Regel akustische Signale beim gezielten Suchen nach Informationen hören. Beim Onlineshopping sind es zwei Fünftel (40 %) der Versuchspersonen, die üblicherweise ihre Lautsprecher eingeschaltet haben.

Am seltensten haben die Befragten ihre Lautsprecher beim Chatten (33 %) und bei der Arbeit (22 %) eingeschaltet.

Als sinnvolle Anwendung von akustischen Reizen auf Internetseiten wird von den meisten Probanden (60 %) der Einsatz von Hintergrundmusik erachtet. Darauf folgen ein virtueller Sprecher/Moderator (57 %), eine akustische Begrüßung (Intro) (51 %), eine akustische Menü-Navigation (48 %), das Vorlesen von geschriebenen Texten (44 %) und akustische Werbung (39 %).

Die Ergebnisse zur Wahrnehmung der akustischen Gestaltung der Marken-Website belegen, dass Browser die akustische Gestaltung der Marken-Website besser bewerten als Searcher. Dieses Ergebnis ist jedoch nicht signifikant. Die Hypothese, dass die akustische Gestaltung der Marken-Website von Männern und Frauen unterschiedlich wahrgenommen wird, konnte bestätigt werden.

Dieses Ergebnis bestätigt die Annahme, dass bei Browsern emotionale Prozesse dominieren und sie akustische Reize tendenziell besser bewerten als Searcher. Letztere, die über ein hohes Involvement verfügen und zum zielgerichteten Surfen neigen, empfinden akustische Reize eher störend und bewerten diese folglich auch schlechter als Browser. Zudem konnte bestätigt werden, dass die Wirkung von akustischen Reizen (auf einer Website) auf Männer und Frauen signifikant unterschiedlich ausfällt.

Ein Vergleich von Searchern und Browsern zum Gefallen der Marken-Website hat ergeben, dass Browser die akustische Marken-Website signifikant optisch ansprechender bewerten als Searcher. Am besten gefällt der Internetauftritt Browsern, die einer hohen akustischen Reizstärke ausgesetzt waren. Am schlechtesten gefällt die Marken-Website Searchern ohne akustische Reize.

Dieses Ergebnis bestätigt die Annahme, dass Browser im Internet vorwiegend unterhalten werden wollen und daher u. a. eine reizstarke (audio)visuelle Umgebung im Internet bevorzugen. Somit überrascht es nicht, dass Browser die akustische Marken-Website signifikant optisch ansprechender bewerten als Searcher.

Zudem konnte nachgewiesen werden, dass akustische Reize bei Searchern und Browsern zu einer Verbesserung der Wahrnehmung der optischen Gestaltung der Marken-Website führen können.

Das Ergebnis des Web-Experiments hat auch gezeigt, dass Browser die Navigation der akustischen Marken-Website signifikant besser bewerten als Searcher. Zudem konnte nachgewiesen werden, dass akustische Reize bei Searchern zu einer Verbesserung der Wahrnehmung der Navigation der Marken-Website führen können.

Die akustische Marken-Website wird insgesamt von Browsern signifikant besser bewertet als von Searchern. Am besten gefällt die Marken-Website Browsern, die einer mittleren akustischen Reizstärke ausgesetzt waren. Am schlechtesten wird die Marken-Website von Searchern beurteilt, die ebenfalls mit einer mittleren akustischen Reizstärke konfrontiert wurden.

Dieses Ergebnis bestätigt die Hypothese, dass Browser die akustische Marken-Website insgesamt signifikant besser bewerten als Searcher. Zudem konnte nachgewiesen werden, dass akustische Reize bei Searchern und Browsern zu einer Verbesserung der Wahrnehmung der Marken-Website insgesamt führen können.

Das Ergebnis des Web-Experiments zeigt, dass Browser eine signifikant bessere Einstellung zur akustischen Marken-Website besitzen als Searcher. Die Annahme, dass Browser eine signifikant bessere Einstellung zur Marke besitzen als Searcher, konnte nicht bestätigt werden. Während sich bei Browsern die Einstellung zur Marke nach dem Web-Experiment bei den Versuchsgruppen mit mittlerer und hoher akustischer Reizstärke im Vergleich zu Searchern verbessert hat, verschlechterte sich die Einstellung zur Marke bei Probanden mit geringer akustischer Reizstärke. Hingegen hat sich bei Searchern die Einstellung zur Marke nach dem Web-Experiment bei allen vier Versuchsgruppen verschlechtert. Diese (negativen) Einstellungsänderungen sind jedoch nicht signifikant. Dieses Ergebnis bestätigt die Annahme, dass akustische Reize bei Browsern zu einer Verbesserung der Einstellung zur Marke führen können.

Die Wiederbesuchsabsicht der Probanden erfolgte durch eine Befragung („Ich würde den Internetauftritt in Zukunft gern wieder besuchen") mittels einer 7-stufigen bipolaren Likert-Skala mit den Polen „trifft völlig zu" und „trifft überhaupt nicht zu".

Die Annahme, dass die Verweildauer von Searchern auf der akustischen Marken-Website signifikant länger ist als jene von

Browsern, hat sich bestätigt. So verbrachten Searcher im Durchschnitt rund 296 s auf der Marken-Website, Browser hingegen rund 191 s. Die Ergebnisse zeigen, dass Searcher, die mit einer geringen akustischen Reizstärke konfrontiert wurden, die längste Zeit (315 s) auf dem Internetauftritt verbracht haben. Darauf folgen die Kontrollgruppe der Searcher (310 s) und Searcher mit hoher akustischer Reizstärke (298 s) bzw. Searcher mit mittlerer akustischer Reizstärke (261 s). Hingegen surften Browser signifikant kürzer auf der Marken-Website. So betrug die Verweildauer von Browsern mit einer geringen akustischen Reizstärke 168 s. Browser mit einer mittleren und hohen akustischen Reizstärke blieben jeweils 187 s auf der Marken-Website. Mit 220 s wurde die längste Verweildauer auf der Marken-Website bei der Kontrollgruppe der Browser gemessen.

Eine längere Verweildauer ist von Panelisten schwer abforderbar, da diese ja nicht aus eigenem Antrieb, d. h. mit konkreter Besuchsintention auf die Website gelangen. Die Zeit sollte jedoch den Versuchspersonen genügen, um sich ein Bild von der (akustischen) Marken-Website zu machen. Zudem konnte nachgewiesen werden, dass akustische Reize Searchern helfen können, um die Aufgabenstellung schneller zu erledigen.

Bei Searchern liegt die Anzahl der besuchten Webpages höher als bei Browsern. So haben Searcher im Durchschnitt signifikant mehr Webpages besucht als Browser. Im Detail haben jene Searcher, die mit einer geringen akustischen Reizstärke konfrontiert wurden, die meisten Webpages besucht.

Dieses Ergebnis bestätigt die Hypothese, dass Searcher signifikant mehr Webpages besuchen als Browser. Zudem konnte nachgewiesen werden, dass akustische Reize bei Searchern und Browsern zu einer Erhöhung der Anzahl der besuchten Webpages führen können.

Searcher haben den Sound On-/Off-Button nicht signifikant häufiger betätigt als Browser. Wie die Ergebnisse zur Betätigung des Sound On-/Off-Buttons zeigen, haben 5,2 % der Browser und 10,1 % der Searcher die Möglichkeit genutzt, den Soundscape A abzuschalten. Soundscape B wurde von 10,9 % der Browser und 8,0 % der Searcher abgeschaltet.

Die Annahme, dass die Wiederbesuchsabsicht der Marken-Website von Browsern signifikant höher ist als bei Searchern, konnte bestätigt werden. So würden Browser die Marken-Website in Zukunft eher besuchen wollen als Searcher. Im Detail führt eine hohe akustische Reizstärke bei Browsern und bei Searchern zur höchsten Wiederbesuchsabsicht der Marken-Website. Die niedrigsten Mittelwerte finden sich bei Browsern und Searchern, die mit einer mittleren akustischen Reizstärke konfrontiert wurden.

Dieses Ergebnis zeigt, dass Browser die Marken-Website in Zukunft signifikant eher besuchen wollen als Searcher. Zudem konnte nachgewiesen werden, dass akustische Reize bei Searchern und Browsern zu einer Erhöhung der Wiederbesuchsabsicht der Marken-Website führen können.

Ihr Transfer in die Praxis

- Prüfen Sie, ob die eingesetzten akustischen Markenelemente auch für Ihre Website relevant sind.
- Machen Sie sich die beiden Nutzergruppen – Searcher und Browser – bewusst, wenn Sie Ihre Website (neu) gestalten.
- Ob man akustische Elemente in seine Internetpräsenz aufnehmen soll, ist u. a. von der Art der angebotenen Leistung abhängig.

5

Fazit und Ausblick

Ausgangspunkt der vorliegenden Arbeit war die Beobachtung, dass Struktur und Inhalt vieler Marken-Websites weitgehend vergleichbar mit denen ihrer Wettbewerber sind und folglich Unternehmen vor der Herausforderung stehen, ihre Marken-Website unverwechselbar zu gestalten. Obwohl Websites durch die Eigenschaft der Multimodalität, d. h. die parallele Nutzung des visuellen und auditiven Sinneskanals zur Übermittlung von Informationen, gekennzeichnet sind, kommen auf Marken-Websites überwiegend optische Stimuli zum Einsatz. Die akustische Gestaltung von Marken-Websites wird in Fachkreisen noch immer weitestgehend unterschätzt und viel zu wenig systematisch vorgenommen.

Aufgrund der bislang nur wenig bearbeiteten Thematik bestand das Erkenntnisziel der vorliegenden Arbeit darin, die Wirkung einer akustisch gestalteten Marken-Website auf Nutzergruppen mit hohem (Searcher) und niedrigem situativen Involvement (Browser) zu erklären und zu messen sowie entsprechende Handlungsempfehlungen aufzuzeigen. Im Rahmen eines Web-Experiments wurde mithilfe einer quantitativen Pretest–Posttest-Befragung empirisch überprüft, welchen Einfluss eine akustische Gestaltung einer Marken-Website auf die Wahr-

P. Steiner, *Quick Guide Sound Websites*, Quick Guide,
https://doi.org/10.1007/978-3-658-43220-1_5

nehmung, auf die Einstellung, auf die Verhaltensintention und das Verhalten der Versuchsteilnehmer hat. Die Probanden wurden jeweils im gleichen Umfang in Searcher und Browser eingeteilt. Während sechs Versuchsgruppen mit einer akustisch gestalteten Website, die insgesamt in drei unterschiedlichen akustischen Ausprägungen (geringe, mittlere und hohe akustische Reizstärke) zur Anwendung kam, konfrontiert wurden, dienten zwei Versuchsgruppen als Kontrollgruppe, in der keine Manipulation stattfand.

Die Erkenntnisse der Arbeit zeigen, dass die akustische Gestaltung einer Marken-Website die Wahrnehmung, die Einstellung, die Verhaltensintention und das Verhalten von Searchern und Browsern unterschiedlich beeinflusst. Auf Basis der empirischen Ergebnisse empfiehlt sich für beide Nutzergruppen eine Marken-Website mit hoher akustischer Reizstärke. Diese Variante ist hinsichtlich eines gemeinsamen Wirkungspotenzials (Wahrnehmung, Einstellung, Verhalten) zu bevorzugen, da dies für Searcher und Browser gleichermaßen geeignet scheint. Jedenfalls sollte der Rezipient bei akustisch gestalteten Websites immer die Möglichkeit haben, den Klang zu deaktivieren.

Mit der akustischen Gestaltung von Marken-Websites ist auch die enorme Komplexität der Wirkung akustischer Reize im Internet verknüpft. Es gibt eine Vielzahl möglicher Größen, die bei der Umsetzung einer akustischen Marken-Website beachtet werden müssen, da sie Einfluss auf das Ergebnis ausüben können. Die vorliegende Arbeit erweitert das bestehende Wissen im Bereich der Gestaltung und Wirkung von akustischen Marken-Websites.

Da Internetnutzer abhängig von ihren jeweiligen Bedürfnissen und Erwartungen unterschiedliche Ziele verfolgen, sollte eine akustische Marken-Website jedenfalls Anforderungen unterschiedlicher Nutzergruppen gerecht werden. So wollen beispielsweise einige Nutzer unterhalten werden und bevorzugen daher u. a. eine reizstarke (audio)visuelle Umgebung im Internet. Aus den unterschiedlichen Besuchszielen einer Website resultieren die Ansprüche der Nutzer an die (akustische) Gestaltung eines Internetauftritts.

Im Zusammenhang mit den Zielsetzungen und Absichten der Internetnutzer nimmt das Involvement eine bedeutende Rolle ein. Je nach Nutzungssituation sind Internetnutzer unterschiedlich stark involviert.

Die Höhe des Involvements hat nicht nur maßgeblichen Einfluss auf die Art des Surfverhaltens, sondern auch auf die objektgerichtete Informationssuche, -aufnahme, -verarbeitung und -speicherung des Internetnutzers.

Die empirische Studie dieser Arbeit hat verdeutlicht, dass die Unterscheidung von Besuchern einer Marken-Website in Nutzer mit klar umrissenem (Searcher) und ohne klar umrissenes Suchziel (Browser) sinnvoll ist. Diese Unterscheidung erlaubt bereits im Vorfeld, die Konzeption des Internetauftritts auf die jeweiligen Bedürfnisse und Ansprüche der Nutzer auszurichten. Die theoretische Ableitung der Nutzergruppen wurde empirisch untermauert, indem deutliche Verhaltens- und Wirkungsunterschiede bei den unterschiedlichen Nutzergruppen festgestellt wurden.

Wie das Web-Experiment gezeigt hat, nehmen Searcher und Browser eine akustische Gestaltung einer Marken-Website unterschiedlich wahr. So empfinden Browser die akustische Gestaltung der untersuchten Marken-Website signifikant unterhaltsamer, optisch ansprechender und übersichtlicher. Zudem nehmen Browser die Navigation der akustischen Marken-Website signifikant besser wahr und bewerten die akustische Marken-Website insgesamt besser. Zudem hat das Web-Experiment gezeigt, dass Browser eine signifikant bessere Einstellung zur akustischen Marken-Website besitzen als Searcher. Schließlich kann eine akustische Gestaltung einer Marken-Website die Anzahl der besuchten Webpages von Searchern und Browsern positiv beeinflussen und zu einer Erhöhung der Wiederbesuchsabsicht von Searchern und Browsern beitragen.

Analysiert man die Zufriedenheit mit der akustischen Gestaltung, so bewerten Searcher und Browser die Marken-Website mit hoher akustischer Reizstärke am besten. Ebenso besitzen Searcher und Browser, die einer hohen akustischen Reizstärke ausgesetzt waren, die beste Einstellung sowohl zu den akustischen Marken-Elementen als auch zur Marken-Website. Eine hohe akustische Reizstärke führt bei Searchern und Browsern auch zur höchsten Wiederbesuchsabsicht der Marken-Website.

Auf Basis der Ergebnisse dieser Arbeit empfiehlt sich für beide Nutzergruppen ein Internetauftritt mit hoher akustischer Reizstärke. In den Untersuchungen zeigte sich, dass diese Variante hinsichtlich eines gemeinsamen Wirkungspotenzials (Wahrnehmung, Einstellung, Verhalten) zu bevorzugen ist. Bei einer geringen und mittleren akustischen Reizstärke würde sich hingegen bei beiden Nutzergruppen ein geringerer Wirkungsgrad einstellen. Für die akustische Gestaltung von Marken-Websites lässt sich folgende Handlungsempfehlung ableiten: *Verwende auf der Marken-Website eine hohe akustische Reizstärke, um eine optimale nutzerspezifische Wirkung zu erreichen.*

Eine unterschiedliche akustische Gestaltung des Internetauftritts zur optimalen nutzer-gruppenspezifisch differenzierten Ansprache ist daher nicht notwendig. Dies reduziert die Aufwendungen und ist auch häufig aufgrund fehlender finanzieller Mittel von Unternehmen oder mangelndem Know-how der Website-Verantwortlichen nicht möglich. Jedenfalls empfiehlt es sich, dass der Rezipient bei akustisch gestalteten Websites immer die Möglichkeit hat, den Klang zu deaktivieren.

Ob man akustische Elemente in seine Internetpräsenz aufnehmen soll, ist u. a. von der Art der angebotenen Leistung abhängig. Während akustische Elemente bei rationalen, informierenden Websites eher dezent und punktuell eingesetzt werden sollten, können akustische Stimuli bei emotionalen, erlebnisorientierten Websites gezielt genutzt werden, um Emotionen aufzubauen.

GPSR Compliance

The European Union's (EU) General Product Safety Regulation (GPSR) is a set of rules that requires consumer products to be safe and our obligations to ensure this.

If you have any concerns about our products, you can contact us on ProductSafety@springernature.com

In case Publisher is established outside the EU, the EU authorized representative is:

Springer Nature Customer Service Center GmbH
Europaplatz 3
69115 Heidelberg, Germany

The manufacturer's authorised representative in the EU is Springer
Nature Customer Service Centre GmbH, Europaplatz 3, 69115 Heidelberg,
Germany. If you have any concerns regarding our products, please
contact ProductSafety@springernature.com

Printed and bound by CPI Group (UK) Ltd, Croydon, CR0 4YY

24/04/2026

02096351-0004